PLATÃO
Apologia de Sócrates

PLATÃO
Apologia de Sócrates

Tradução

Luciene Ribeiro dos Santos de Freitas

Apology
Apologia de Sócrates

Copyright © 2025 by Novo Século Ltda.

DIRETOR EDITORIAL: Luiz Vasconcelos
PRODUÇÃO EDITORIAL: Érica Borges Correa e Graziele Sales
TRADUÇÃO: Luciene Ribeiro dos Santos de Freitas
PREPARAÇÃO: Angélica Mendonça
REVISÃO: Paola Sabbag Caputo
PROJETO GRÁFICO E DIAGRAMAÇÃO: Manoela Dourado
CAPA: Mouses Sagiorato

Texto de acordo com as normas do Novo Acordo Ortográfico da Língua Portuguesa (1990), em vigor desde 1º de janeiro de 2009.

Dados Internacionais de Catalogação na Publicação (CIP)
Angélica Ilacqua CRB-8/7057

Platão
    Apologia de Sócrates / Platão ; tradução de Luciene Ribeiro dos Santos de Freitas. - Barueri, SP : Novo Século Editora, 2025.
    176 p.

ISBN 978-65-5561-820-4
Título original: Apology

1. Filosofia antiga 2. Filosofia grega 3. Socrátes I. Título II. Freitas, Luciene Ribeiro dos Santos de

24-2215   CDD 184

Índice para catálogo sistemático:
1. Filosofia antiga

Alameda Araguaia, 2190 – Bloco A – 11º andar – Conjunto 1111 – CEP 06455-000 – Alphaville Industrial, Barueri – SP – Brasil
Tel.: (11) 3699-7107 | E-mail: atendimento@gruponovoseculo.com.br
www.gruponovoseculo.com.br

Apresentação de Apologia de Sócrates

PLATÃO[1]

Para melhor contribuir à compreensão do texto, *Apologia de Sócrates*, de Platão, considera-se como necessário, além da breve apresentação da obra em si, salientar alguns elementos primordiais da filosofia e da biografia de Platão e de Sócrates. Desse modo, a "Apresentação" está dividida em três subtítulos: "Sócrates, o filósofo"; "Platão, o escritor"; "*Apologia*

---

[1] Gabriel Rodrigues Rocha – Doutor em Filosofia (PUCRS). Pós-Doutor em Educação (PUCRS). Professor de história e filosofia na educação básica.

de Sócrates", a obra. Esperamos assim que a satisfação de ler Platão possa ser bem iniciada, e nada melhor ao princípio dessa trajetória do que a leitura de *Apologia de Sócrates.*

SÓCRATES, O FILÓSOFO

Sócrates (469-399 a.C.) nasceu no século de Péricles. Seu nascimento coincide com o esplendor de Atenas e com o período historicamente conhecido como Grécia clássica[2]. O fim dos confrontos bélicos com o império persa (Guerras Médicas) contribuiu ao desenvolvimento da filosofia, como também da medicina, das obras trágicas, da sofística, da retórica, da história e da democracia. O ápice cultural do espírito ateniense irá repercutir significativamente em toda cultura e história subsequentes, não obstante, quando da guerra entre Esparta e Atenas (Guerra do Peloponeso), confronto que perduraria

---
2 Período que abrange os séculos V a IV a. C.

vinte e sete anos, Atenas amargou a derrota. A democracia ateniense foi deposta e em seu lugar foi instaurado um governo de regime oligárquico, posteriormente conhecido como o "Governo dos Trinta Tiranos" (404 a.C.)[3]. Esse seria, portanto, de modo geral, o contexto histórico e cultural de Sócrates.

As fontes para o conhecimento de Sócrates se constituem, além de Platão, na obra de Xenofonte (*Memoráveis*, e também com uma *Apologia de Sócrates*), a obra cômica de Aristófanes (*As Nuvens*) e, às referências de Aristóteles à Sócrates. Este último não conviveu com Sócrates, mas, suas referências são significativas porque, – além de ter se tornado um dos maiores filósofos da história –, Aristóteles foi, durante vinte anos, aluno na Academia de Platão[4]. Entretanto para a tradição filosófica do Ocidente, o Sócrates de Platão

---

[3] Um ano após esse período a democracia ateniense é restaurada (403 a.C.).
[4] Teria sido fundada entre 384/83 a.C. em Atenas. Conta-se, fato não verificado historicamente, que no pórtico

é o Sócrates da história da filosofia. Sendo assim, como o propôs, Anthony Gottlieb, "Sócrates é o mártir da filosofia", significa, portanto, que foi a partir da excepcionalidade de seu filosofar que se desenrolaram os acontecimentos que o condenariam à morte. Podemos inferir que o verdadeiro motivo do processo e do julgamento de Sócrates, – não são as três causas factuais – como veremos adiante, foi a própria *philosophia*. Em sua etimologia grega, o termo significa o amor ou a amizade (*philia*) à sabedoria (*sophia*). A partir da leitura do texto de *Apologia de Sócrates*, o leitor poderá compreender que Sócrates não lutou por salvar a sua vida, mas sim, por preservar o que lhe garantia a dignidade de vivê-la. De modo contundente exortou no tribunal: "enquanto viver não deixarei de filosofar"[5].

---

de entrada da Academia teria a seguinte inscrição: "somente entre aqui quem souber geometria".
5 PLATÃO. *Apologia de Sócrates, 29d*. Trad. Carlos Alberto Nunes. *São Paulo: Edições Melhoramentos, 1970.*

Quando se infere que a filosofia de Sócrates é o seu filosofar é porque, sobremodo, Sócrates adota um modo de vida filosófico[6]. Conforme se depreende do texto da *Apologia*, isso acontece a partir do que lhe foi revelado pela sacerdotisa do oráculo de Delfos, no Templo de Apolo: "entre vós, homens, o mais sábio (*sophos*) é aquele que, como Sócrates, se reconhece desprovido de qualquer valor em relação a sabedoria (*sophia*)[7]". Se Sócrates é o mais sábio justamente por reconhecer que é desprovido de sabedoria, cabe-lhe, pois, investigar o quanto aqueles que afirmam saber de fato o sabem. Esse é o marco originário da investigação socrática. De modo aparentemente ingênuo, isto é, com ironia, Sócrates causa uma espécie de perturbação ao demostrar pela interrogação

---

[6] "A eleição de uma vida filosófica em oposição a uma vida não filosófica. " (Cf. HADOT, P. *O que é a Filosofia Antiga?* Trad. Dion Davi Macedo. 2. ed. São Paulo: Edições Loyola, 2004. p. 249).

[7] PLATÃO. *Apologia de Sócrates, 23b*. Trad. Carlos Alberto Nunes. São Paulo: Edições Melhoramentos, 1970.

(porque ele nada sabe), o não-saber, a ignorância dos que se consideravam detentores de conhecimento (*gnosis*).

A filosofia é isenta de sabedoria, porém, à sabedoria se direciona. Resulta assim que há um fim (*telos*) filosófico para o qual às perguntas e os argumentos são conduzidos. Frente à todas às funções, não há para Sócrates nenhuma mais fundamental do que aquela que consiste em "ocupar-se consigo mesmo". E em que consistiria essa ocupação de si mesmo? Em tornar melhor a alma (*psyche*)[8], logo, nela formar a virtude ou às

---

8 A tradução do termo grego *psyche*, encontraria sua melhor correspondência ao que hoje chamaríamos de "pessoa interna". (Cf. ROBINSON, T. M. *A Psicologia de Platão*. Trad. Marcelo Marques. São Paulo: Edições Loyola, 2007, p.16). "Desde os tempos de Homero, a alma representava a vida do corpo. Todavia, Platão aceita a provável posição do Sócrates histórico, que abandona o aspecto fisiológico (alma como apenas o que mantém o corpo vivo) para uma imagem espiritual: a alma é, antes de tudo, a sede do intelecto e da consciência e é o sujeito das ações e dos valores morais". (Cf. TRABATTONI, F. *Platão. Rineu Quinalia. São Paulo: Annablume, 2010. p. 131-32*).

excelências morais (*aretai*). É a obtenção das virtudes morais da sabedoria, da piedade, da justiça, da coragem e da temperança que propiciariam a felicidade (*eudaimonia*) e todos os demais bens[9]. Nesse sentido a retórica de Sócrates, ao contrário da sofística[10], é justamente oportunizar que a alma melhore a si mesma. Temos assim uma nova configuração hierárquica de bens e de valores frente ao caráter (*ethos*) cultural grego tradicional. Por essa razão podemos asserir que Sócrates representa um novo paradigma

---

9 "[...] da virtude é que provém a riqueza e os bens humanos em universal, assim públicos como particulares". (Cf. PLATÃO, *Apologia de Sócrates*, 30b. Trad. Carlos Alberto Nunes. São Paulo: Edições Melhoramentos, 1970).

10 "Já desde o começo a finalidade do movimento educacional comandado pelos sofistas não era a educação do povo, mas a dos chefes. No fundo não era senão uma nova forma de educação dos nobres". No entanto, é bom dizê-lo, para não parecer que os sofistas não contribuíram com o desenvolvimento da educação (*paideia*) e da própria filosofia (ao esforço de refuta-los)". (Cf. JAEGER, W. *Paideia: A formação do Homem Grego*. Trad. Artur M Parreira. São Paulo: Martins Fontes, 2003. p. 339).

ético-antropológico na história do pensamento filosófico. Daí se compreende, por exemplo, porque nos manuais didáticos de filosofia apresenta-se uma divisão entre as filosofias dos chamados Pré-socráticos e Sócrates. O filosofar socrático fez da *psyche* humana a essência de sua investigação filosófica. Desse modo, a tarefa do filósofo repousa em "parir[11]", donde o termo *maiêutica*[12], de seus ouvintes, sejam estes seus discípulos, amigos, adversários, bem como da

---

11 "Sócrates representa um novo e fascinante ponto de equilíbrio entre os princípios da subjetividade e da intersubjetividade [...] O novo princípio moral tinha de brotar de dentro, e a única coisa que Sócrates podia fazer era promover seu crescimento, como uma parteira ajuda no nascimento de uma criança." (Cf. HÖSLE, V. *Interpretar Platão*. Trad. Antônio Cellomar Pinto de Lima. São Paulo: Edições Loyola, 2008. p. 92).

12 No "diálogo tardio" de Platão, *Teeteto* (161b), define-se a *maiêutica* no seguinte: "Os argumentos não saem de mim, porém sempre da pessoa com quem eu converso, e que eu nada sei, com exceção deste pouquinho, isto é, apanhar o argumento de algum sábio e tratá-lo como convém. Isso mesmo pretendo fazer com este moço [Teeteto], sem nada acrescentar".

comunidade política (*polis*) em geral, o que há de melhor na interioridade da *psyche*[13].

Sócrates possuía uma retórica que se contrapunha a dos sofistas[14]. O embate entre Sócrates, Platão e Aristóteles à sofistica é amplamente conhecida pela tradição da história da filosofia antiga. Ao filósofo, o uso do discurso (*logos*) será sempre delimitado ao

---

13 Como nos apresenta Jaeger, em sua monumental obra, *Paideia*, "*Sócrates é o mais espantoso fenômeno pedagógico da história do Ocidente.*" (Cf. JAEGER, W. *Paideia: A formação do Homem Grego*. Trad. Artur M Parreira. São Paulo: Martins Fontes, 2003. p. 512).

14 "A Retórica não nasceu em Atenas, mas na Sicília grega por volta de 465, após a expulsão dos tiranos. E sua origem não é literária, mas judiciária [...] certo Córax, discípulo do filósofo Empédocles, e o seu próprio discípulo, Tísias, publicaram então 'uma arte oratória' (*tekhné rhetórike*), coletânea de preceitos práticos que continha exemplos para usos das pessoas que recorressem a justiça. Ademais, Córax dá a primeira definição da retórica: ela é 'criadora de persuasão". (Cf. OLIVIER, R. *Introdução à retórica*. Trad. Ivone C. Benedetti. São Paulo: Martins Fontes, 2004. p. 2). Na *Apologia de Sócrates* evidencia-se às críticas veementes de Sócrates à retórica quando usada nos tribunais e assembleias públicas.

dizer a verdade (*parresia*), mesmo que esse dizer a verdade tenha como consequência uma condenação à morte. Assim é condição *sine qua non* a integridade do orador, que se auto impõe, ao se utilizar do *logos*, em "fazer nascer a justiça e a temperança na alma[15]". Assim se impõe à filosofia uma fortíssima responsabilidade ética e epistêmica na utilização do *logos*.

O helenista francês, Pierre Hadot, declara que há duas dimensões discursivas a caracterizar a filosofia antiga: "aquela que propõe ensinar uma doutrina, ensinar a raciocinar e, outra mais profunda, que busca uma 'transformação de si[16]". Se aplicarmos essa perspectiva à Sócrates, teríamos sobremodo a segunda dimensão discursiva, porquanto importa fundamentalmente uma transformação da *psyche*.

---

15 PLATÃO. *Górgias*, 504d-e. Trad. Carlos Alberto Nunes. *São Paulo: Edições Melhoramentos, 1970*.
16 HADOT, P. *La Filosofía como forma de vida: Conversaciones con Jeannie Carlier y Arnold I. Davidson*. Traducción María Cucurella Miquel Barcelona: Ediciones Alpha Decay, 2009. p. 39-41. (Tradução nossa).

Essa possibilidade de transformar a si pelo discurso direcionado à interioridade, de abrir a possibilidade de a alma tornar-se excelente (virtuosa), ocorreria mediante a utilização de certas perguntas. É a pergunta socrática que desperta a consciência sobre si mesmo. Logo, o perguntar socrático impulsiona a que o interlocutor se questione em suas crenças e em sua conduta, despertando assim pelo pensamento reflexivo que pensa a si próprio a noção de responsabilidade ética sobre à ação (*aitia*). Nota-se que se trata de um processo intelectual-cognitivo, tem de se adquirir uma racionalidade para agir com virtude (*arete*[17]), nesse ponto, teríamos a segunda dimensão discursiva como o propôs Hadot, porque implica também em ensinar a raciocinar.

---

17 "Ao estabelecer a necessidade do uso da razão para a prática da virtude, [Sócrates] inaugura a história da Ética como *ciência do ethos*, e essa será a marca indelével de sua origem socrática." (Cf. VAZ, Lima. C. H. *Escritos de Filosofia IV: introdução à Ética filosófica 1*. 2. ed. São Paulo: Edições Loyola, 2002. p. 97).

Embora não possamos afirmar com critério de certeza que exista uma doutrina socrática, pelo menos não no sentido de um ensino sistemático, a companhia de Sócrates ensina porquanto questiona o que se crê saber.

Sócrates[18] relaciona a dignidade da existência humana com o ato de pôr-se em exame em relação a virtude. Ora, pôr-se em exame é ajuizar racionalmente sobre si na conduta e nas opiniões (*doxai*). Portanto, há, sim, um intelectualismo moral adotado por Sócrates. Será o posterior trabalho de Platão, incluir na psicologia da alma humana a impulsividade e a irracionalidade[19]. Todavia, para Sócrates, o mal é consequência do não-saber[20]. Compreende-se

---

18 PLATÃO. *Apologia de Sócrates, 39a*. Trad. Carlos Alberto Nunes. *São Paulo: Edições Melhoramentos, 1970.*
19 Questões que, posteriormente, foram alvo de crítica de Aristóteles à Sócrates.
20 Nesse sentido argumenta Aristóteles em referência textual à Sócrates: "Podemos perguntar agora como é possível que um homem que julga com retidão se mostre incontinente na sua conduta. Alguns afirmam que tal conduta é incompatível com o conhecimento; pois

assim porque é marca do método socrático o ato de refutar argumentos contrários, conduzindo os interlocutores a contradição. É por meio da refutação (*elenkhos*) de si mesmo que a alma irá se libertar do pior dos males que são as falsas opiniões, ou seja, o crer saber o que não se sabe. E, se não sabemos que não sabemos como viremos a saber? Como escreve em sua imponente "História da Filosofia", E. Bréhier: "uma conversação de tal natureza transforma o ouvinte; o contato de Sócrates [...] paralisa e embaraça; leva a refletir sobre si mesmo[21]". Sócrates considerou que o ato de refutar aos seus concidadãos, por meio de seu filosofar, se

---

seria estranho – assim pensava Sócrates, – existindo o conhecimento num homem, alguma coisa pudesse arrastá-lo como a um escravo. [...] segundo ele (Sócrates), ninguém, depois de julgar, age contrariando o que julgou melhor; os homens só assim procedem por efeito da ignorância". (Cf. ARISTÓTELES, *Ética a Nicômaco*, *1145b 25. Trad. Leonel Vallandro e Gerd Bornheim. São Paulo: Abril Cultural, 1973*).

21 BREHIÉR, E. *História da Filosofia*. Trad. Sicupira Filho. v.1. São Paulo: Mestre Jou, 1977. p. 82.

constituía em um grande bem para a cidade. Não obstante, a maioria preferiu permanecer na ignorância e praticar a injustiça.

PLATÃO, O ESCRITOR

A história permitiu que tivéssemos acesso pleno às obras de Platão[22]. São 36 escritos, destes, temos 13 *Cartas*, nem todas tidas como autênticas, isto é, que efetivamente foram escritas pelo filósofo ateniense; temos um monólogo: *Apologia de Sócrates*; todos os demais textos são escritos em forma de *Diálogos*, pouquíssimos com questões de autenticidade. Sem exceções, os textos platônicos são conversações entre variados interlocutores. Sempre houvera por parte dos estudiosos, ao longo dos séculos, o empenho quanto a uma ordenação cronológica do conjunto da obra platônica (*corpus platonicum*). E embora

---
22 Platão nasce em Atenas por volta do ano de 428-27 a.C.

persista pontuais divergências sobre alguns textos específicos, há consenso, por exemplo, que o diálogo *Leis*, é o último escrito de Platão. Convencionou-se a dividir o *corpus platonicum* em três grupos de textos: temos assim os chamados "diálogos da juventude" ou "diálogos socráticos"[23]; os "diálogos da maturidade" ou do "período intermédio"; e os "diálogos da velhice", também chamados de "diálogos tardios"[24].

De modo inequívoco, Sócrates é o principal interlocutor de considerável parcela da

---

23 Período em que está incluso a produção de *Apologia de Sócrates*.

24 "Todas as obras modernas da obra de Platão trazem no texto ou em suas margens a numeração das páginas segundo a fundamental edição de Henry Estienne, também conhecido por Stephnus (Lion, 1578): tal numeração é composta por um número, que corresponde à página, por uma letra que corresponde a um parágrafo, podendo existir eventualmente outro número (que indica a linha), para facilitar a identificação das passagens do texto, independentemente da edição ou da tradução que se utiliza." (Cf. TRABATTONI, F. *Platão. Rineu Quinalia.* São Paulo: Annablume, 2010. p. 16).

produção textual de Platão e, às referências à vida de Sócrates e de seu julgamento se estendem para além dos ditos "diálogos socráticos". Um ponto relevante a tradição dos estudos platônicos é a chamada "questão socrática", donde o problema a ser considerado é quanto da delimitação entre o Sócrates histórico e o Sócrates de Platão[25]. Nos "diálogos da juventude", Sócrates é o principal interlocutor e assume a condução dos diálogos. De forma preponderante, a tradição declara que os temas e o modo de investigação aí contidos correspondam ao Sócrates histórico. Haveria um momento na produção platônica, peremptoriamente nos "diálogos intermédios", que Platão passaria a anunciar, por meio do agora "personagem Sócrates" a sua própria filosofia. Questões como a imortalidade da alma e a reminiscência, o demiurgo, a teoria

---

[25] Sobre o tema o leitor poderá consultar a excelente obra: VILHENA, M. V. *O Problema de Sócrates: o Sócrates histórico e o Sócrates de Platão*. Portugal: Fundação Calouste Gulbenkian, 1984.

das Ideias ou Formas (*eidos*), a concepção do Estado ideal seriam temas fundamentalmente platônicos. Ao que aqui nos interessa, os eventos descritos na *Apologia de Sócrates*, é, de modo fortemente presumível e, condizente, ao Sócrates histórico.

Não obstante, para quem escreve Platão? Essa questão nos é colocada pelo eminente pesquisador e platonista, Thomas Szlezák, e a resposta que nos é dada é de que Platão "escreve para todos[26]". Para o não menos importante pesquisador, Pierre Hadot, às obras filosóficas da Antiguidade estão diretamente relacionadas à oralidade: "ler, na Antiguidade, é habitualmente ler em voz alta[27]". Inegável nos é dizer que a inferência

---

26 Ou seja, para "os leigos, os que receberam uma formação científica e os discípulos de Platão na Academia". (Cf. SZLEZÁK, T. A. *Ler Platão*. Trad. Milton Camargo Mota. São Paulo: Edições Loyola, 2005. p. 49-50).
27 HADOT, P. *Elogio da Filosofia Antiga: aula inaugural de cadeira de história do pensamento*. Trad. Flávio F. Loque e Loraine Oliveira. São Paulo: Edições Loyola, 2012. p. 28.

de Hadot faz sobressair a genialidade de Platão, como escritor e como filósofo, pois o escrito em forma textual dialógica, com toda a dramaticidade que este gênero permite, possibilita ao leitor colocar-se como partícipe da conversação. Imaginemos a vivacidade que a leitura em voz alta de um diálogo propiciaria. Além é, claro, de funcionar como convite permanente à reflexão, tão de acordo com a vida cívica de Atenas. Do mesmo modo, se Platão "escreve para todos", como pondera Szlezák, em grande medida a filosofia de Platão se desenvolve e se revela em sua escrita.[28]"

---

28 Embora não possamos, em nossa contemporaneidade, ignorar a questão metodológica das ditas "doutrinas não-escritas. As chamadas "doutrinas não-escritas" é uma metodologia de pesquisa para o conhecimento da filosofia de Platão. Ela nasceria do próprio Platão, sobremodo a partir da parte final do diálogo *Fedro, em que há uma contundente crítica à escrita. Platão argumenta, pela voz de Sócrates, que "o filósofo não consigna por escrito coisas de maior valor". Do mesmo modo, o ápice do filosofar se dá na oralidade e não no texto escrito. A doutrinas não-escritas remete a um conteúdo esotérico, isto é, "para*

Na escritura dialógica sempre se apresentam argumentos contraditórios, enquanto se procura pelas melhores definições, a isso chamou-se de filosofia dialética[29]. Assim, mesmo os diálogos que são *aporéticos*, portanto, textos que terminam sem uma formal conclusão do tema principal, o leitor fica instigado em continuar a investigação no uso do pensar reflexivo, por conseguinte, dar pros-

---

dentro", dito, portanto, somente aos iniciados. Entretanto, a forma textual que Platão escolheu para escrever, o diálogo, possivelmente confirma o quanto a oralidade é fundamental aos argumentos filosóficos, pois é a forma que remete ao dialogar socrático. Sobre o tema consultar: REALE, G. Platão. Trad. Henrique Cláudio de Lima Vaz e Marcelo Perine. Nova edição corrigida, 2007. E também: SZLEZÁK, T.A. Ler Platão. Trad. Milton Camargo Mota. São Paulo: Edições Loyola, 2005.

29 *"A dialética (dialektike) é o meio, através do diálogo, de conhecer 'o que é'. Enquanto conhecimento verdadeiro, que se distingue da ignorância e também da opinião, ela é sinônimo de filosofia: o filósofo é um dialético. A dialética pode, pois, ser considerada a única ciência verdadeira: ela é o conhecimento da realidade". (Cf. BRISSON, L; PRADEAU, J.F. Vocabulário de Platão. Trad. Claudia Berliner. São Paulo: Martins Fontes, 2010. p. 33.*

seguimento às interrogações que procuram o conhecimento (*gnosis*)[30]. Supõe-se relevante saber que, para Platão, o conhecimento é sempre verdadeiro, são às crenças ou opiniões (*doxai*) que podem ser verdadeiras ou falsas, sendo assim o que Platão comumente apresenta dialeticamente em seus textos é a justificação do conhecimento. Nesse sentido, por exemplo, a retórica utilizada pelos sofistas somente conduziria a crença, mas sem a justificativa para o conhecer[31], porquanto

---

30 Como escreve o filósofo e fundador da filosofia hermenêutica, Hans-Georg Gadamer, "acentuar o caráter aberto do diálogo, em que aprender a perguntar marca o próprio processo de compreender. (Cf. GADAMER, H. G. *Verdade e Método: traços fundamentais de uma hermenêutica filosófica*. 4. ed. Trad. Flávio Paulo Menrer. Revisão de tradução Ênio Paulo Giachini. Petrópolis: Vozes, 2002. p. 731). Também devemos considerar, na perspectiva interpretativa de Szlezák que "os diálogos socorrem uns aos outros", ou seja, há um encadeamento de conteúdo que pertencem a filosofia escrita de Platão. (Cf. SZLEZÁK, T. A. *Ler Platão*. Trad. Milton Camargo Mota. São Paulo: Edições Loyola, 2005. pp. 93-101.
31 "Então, ao que parece, a retórica é obreira da persuasão que promove a crença, não do conhecimento, re-

a persuasão busca o convencimento e não o valor de verdade do enunciado.

Precisamos compreender que Platão propôs um imenso conjunto de questões filosóficas. Foi de fato o primeiro filósofo a pensar criticamente a tradição que herdava. Assim se opôs aos grandes poetas educadores da Grécia, Homero e Hesíodo, além de se propor superar questões antagônicas entre os filósofos pré-socráticos como Parmênides e Heráclito. Do mesmo modo combateu tenazmente a retórica sofística que considerou perniciosa por não se preocupar com o mais verdadeiro. Platão constrói toda uma cosmologia que irá fundamentar sua ética, sobremodo na Ideia (*Idea*) do Bem (*Agathon*). De Sócrates, possivelmente herdou, além das investigações éticas e do cuidado (*enkrateia*) da alma, a forma de fazer filosofia nas inquirições dialógicas. Como argumenta o insigne historiador da

---

lativo ao justo e o injusto" (Cf. PLATÃO. *Górgias*, 455a. Trad. Carlos Alberto Nunes. São Paulo: Edições Melhoramentos, 1970).

filosofia, François Châtelet, em curta porém instigante observação sobre os *Diálogos* de Platão que, "quando se fazem perguntas sobre a justiça, a piedade, o prazer, questiona-se a conduta dos indivíduos e da coletividade[32]." Resulta assim que seja para continuar o seu legado ou para combatê-lo, ninguém jamais o pôde ignorá-lo.

APOLOGIA DE SÓCRATES, A OBRA

Mencionamos na primeira seção que havia um forte embate entre filósofos e sofistas. Entre eles encontrava-se a retórica e suas técnicas de persuasão. Temos assim uma dissociação entre modos distintos de usar o *logos*. Aqui *logos* é entendido como fala, portanto, do uso que se faz da palavra. Em uma democracia direta, como era a ateniense, o

---

32 CHÂTELET, F. *Uma História da Razão: entrevistas com Émile Noël*. Prefácio de Jean-Toussaint Desanti. Trad. Lucy Magalhães. Rio de Janeiro: Jorge Zahar Editor, 1994. p. 27.

uso da palavra é o principal instrumento de acesso ao poder político. Por isso os sofistas se colocavam como "professores de virtude", nesse caso, a virtude corresponderia a capacidade de bem falar. Eis o ponto originário de rompimento com a filosofia, pois a filosofia assume um compromisso com a verdade (*aletheia*) e com a virtude, essa entendida aqui enquanto excelência moral (*arete*). Sócrates não se utiliza de uma retórica jurídica para se defender, importa mais apresentar o motivo no qual ele foi levado a filosofar, bem como a defesa do método de investigação utilizado e o propósito de fazê-lo.

Sócrates afirmou que estava "convencido do bem que ele havia prestado à cidade[33]", sendo assim, de conduzir (*psicagogia*) aos seus concidadãos, jovens ou velhos, mesmo os estrangeiros, de cuidarem de suas almas associando-as à conquista da excelência moral. E ele também

---

33 PLATÃO. *Apologia de Sócrates*, 30a. Trad. Carlos Alberto Nunes. *São Paulo: Edições Melhoramentos, 1970.*

assim o faz durante o seu julgamento. Sócrates quer persuadir que o seu modo de filosofar é uma causa boa e justa. No entanto, não importava somente persuadir, no sentido de convencer através dos melhores argumentos, porém, distinguir os argumentos entre falsos e verdadeiros, e isso implicava não somente o uso epistêmico da palavra, mas também a sua utilização ética e pedagógica.

Com a ironia que lhe era peculiar fala ao tribunal que "a eloquência de seus acusadores quase o fizeram esquecer quem era, e a menos que à eloquência equivalha a dizer a verdade poderia ele também ser considerado um orador, mas não à maneira dos tribunais[34]", isto é, quanto a forma de retórica utilizada. Resulta assim que o filosofar socrático e, de modo geral, a filosofia, apresenta um modo inerente de apropriar-se do *logos*, cuja finalidade, para Sócrates, é propiciar uma transformação de

---

34 PLATÃO. *Apologia de Sócrates, 17a-b. Trad. Carlos Alberto Nunes. São Paulo: Edições Melhoramentos, 1970.*

si. Essa palavra que se dá de modo dialógico, que, portanto, "atravessa" o *logos* pela pergunta. A pergunta pelo que é (*ti estin*), adquire valor imprescindível à *philosophia*.

O julgamento de Sócrates é o primeiro local público, – no sentido de local de reunião em que há grande número de pessoas, – que Sócrates se utiliza do *logos*. Ele explica que tal isenção dos lugares públicos, como tribunais e assembleias foi necessário, conforme lhe alertava o seu *daimon*, pois, era preciso que se mantivesse afastado da política, portanto, do uso público da palavra, "porque se assim não o fizesse já teria deixado de existir sem poder contribuir com a cidade[35]". É evidente que a intervenção de Sócrates a *psyche* de seus ouvintes, admoestava os costumes,

---

35 Conforme se lê na *Apologia de Sócrates, 31d*: "*[daimon] é uma espécie de voz que só se manifesta para me dissuadir do que esteja com intenção de praticar, nunca para levar-me a fazer alguma coisa.*" *O daimon também foi motivo de acusação contra Sócrates, "introdução de novas divindades". Trad. Carlos Alberto Nunes. São Paulo: Edições Melhoramentos, 1970.*

as leis, os valores comuns. Às perguntas de Sócrates exigiam haver-se consigo e criavam o imperativo de examinar às crenças e os hábitos herdados do *ethos* tradicional grego. Em verdade, Sócrates estava a corromper os valores e as opiniões comuns que se encontravam elas mesmas corrompidas. Como considerou o filósofo comunitarista, Alasdair MacIntyre, "a filosofia pode ser subversiva para os modos estabelecidos de conduta[36]". Assim, Sócrates não adentra o tribunal de Atenas, como mencionado anteriormente, como quem está disposto a fazer o possível para salvar a sua vida, antes, para ele é necessário salvar um modo de vida, assim, "a retórica de Sócrates se subordina às exigências da própria virtude[37]."

---

36 MACINTYRE, A. *Historia de la ética*. Trad. Roberto Juan Walton. Barcelona: Ediciones Paidós Ibérica, S.A, 1991. p. 12. (Tradução nossa).
37 MCCOY, M. *Platão e a retórica de filósofos e sofistas*. Trad. Lívia Oushiro. São Paulo: Madras, 2010, p. 32.

Sócrates foi acusado de "corromper a juventude, de não acreditar nos deuses da cidade e introduzir novas divindades"[38]. O fato de não acreditar nos deuses da cidade e de introduzir novas divindades se constituíam em grave transgressão cívica. É preciso considerar que na Antiguidade clássica a vida do indivíduo se encontrava subordinada à vida comum da *polis*. A própria ideia de cidadania é o indivíduo se encontrar atrelado a uma comunidade política, portanto a viver em comum em uma cidade-Estado grega[39]. O desenvolvimento dos argumentos de Sócrates no tribunal gira em torno de suas acusações. Não obstante, se considera a acusação de "corromper a juventude" a mais instigante, porquanto, ao fazê-lo, Sócrates faz uma apologia da filosofia. E, nesse caso, naquele contexto, a filosofia se direcio-

---

38 PLATÃO. *Apologia de Sócrates, 24c. Trad. Carlos Alberto Nunes. São Paulo: Edições Melhoramentos, 1970.*
39 Os cidadãos eram os nascidos de pai e mãe ateniense. A população de Atenas também era formada de estrangeiros (domiciliados), os metecos, e de escravos.

nava essencialmente ao "homem interior", que, portanto, deveria tomar consciência de sua alma, adquirindo responsabilidade ética sobre si. O valor dos argumentos está em afastar a *psyche* da injustiça, da maldade e da ignorância. Se o preço a ser pago é a morte pouco importava diante do compromisso filosófico de dizer a verdade (*parresia*) do *logos*. "O que voz digo, senhores que me mandais matar [...] imaginando que desse modo vos livraríeis das inquirições sobre vosso proceder; mas o contrário disso é o que vai dar-se, posso assegurar-vos". Pois, não há mal maior que "imaginar alguém que sabe o que não sabe"[40]. Embora a morte de Sócrates, Platão, pela escrita, fez viver irrevogavelmente a sua filosofia.

---

40 PLATÃO. *Apologia de Sócrates, 29b. Trad. Carlos Alberto Nunes. São Paulo: Edições Melhoramentos, 1970.*

GABRIEL RODRIGUES ROCHA

Doutor em Filosofia (PUCRS). Pós-Doutor em Educação (PUCRS). Professor de história e filosofia na educação básica.

Possui experiência docente nas áreas de Filosofia e História, e em pesquisa, nas seguintes áreas: filosofia e suas interfaces com a educação, a ética, a formação humana como Bildung e Paideia; a filosofia de Platão e a história da filosofia clássica; os embates entre a dialética, a retórica e a sofística; as contribuições foucaultianas ao estudo da filosofia antiga, de Platão às escolas helenísticas e imperiais romanas; parresia e aletheia; a obra de Pierre Hadot; questões do ensino de filosofia na educação básica; filosofias da educação; e temas como democracia, dignidade humana e cidadania. Entre 2020 e 2021, realizou um estágio pós-doutoral na linha de pesquisa Pessoa e Educação no Programa de Pós-Graduação em Educação (PUCRS), com um projeto que visou aproximar os princípios ético-epistêmicos da tradição socrático-platônica à educação contemporânea.

Sumário

Introdução, 36

PRIMEIRA PARTE
Sócrates apresenta a sua defesa, 72

SEGUNDA PARTE
Sócrates é condenado e sugere a sua sentença, 144

TERCEIRA PARTE
Sócrates se despede do tribunal, 156

Bibliografia, 173

INTRO

DUÇÃO

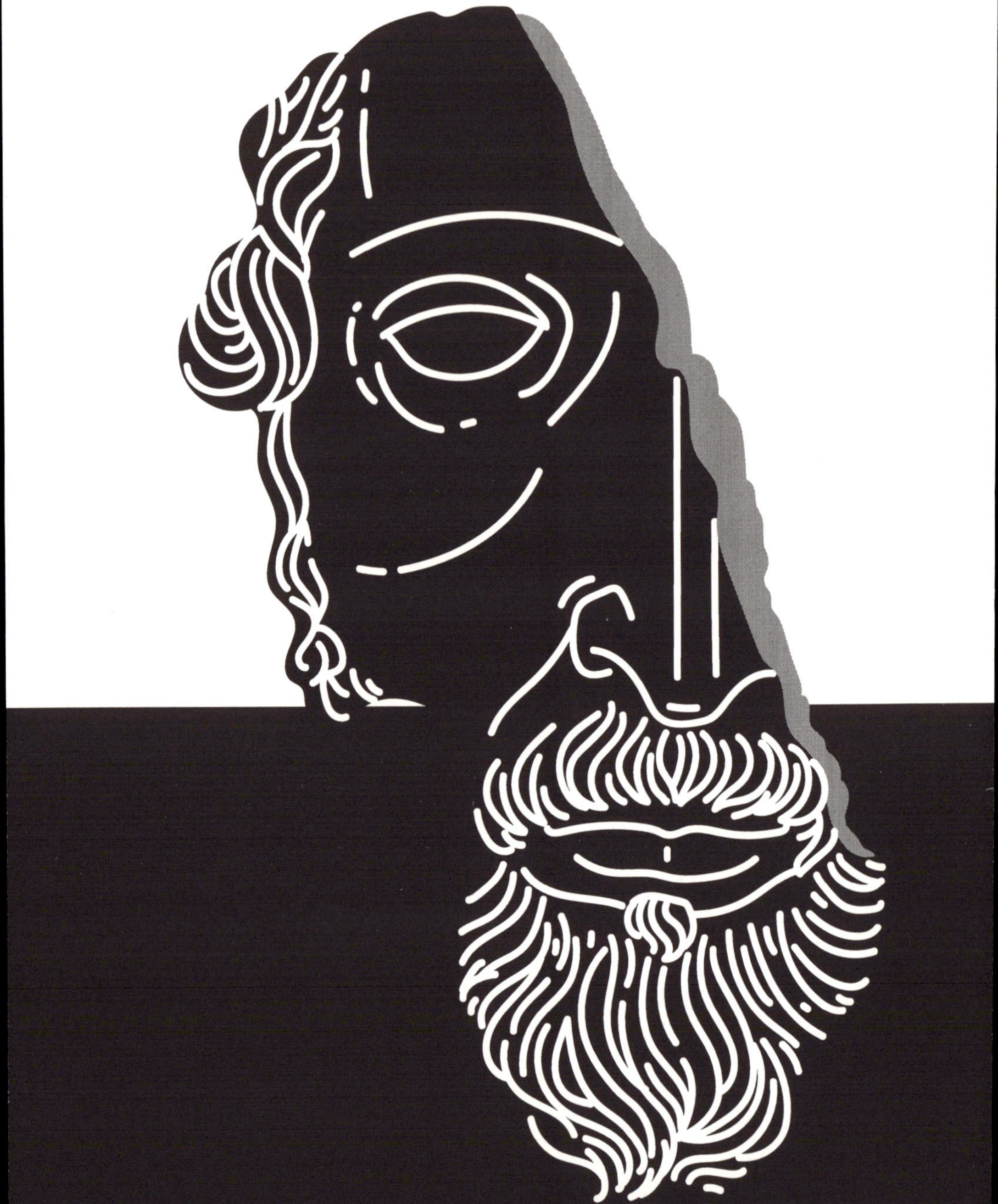

Não há como determinar a relação entre a *Apologia* de Platão e a defesa real de Sócrates. A obra certamente concorda em tom e caráter com a descrição de Xenofonte, que diz, em suas *Memorabilia*, que Sócrates poderia ter sido absolvido "se em qualquer grau moderado ele tivesse feito concessões em favor dos dicastas". Em outra passagem, informa-nos, com base no testemunho de Hermógenes, amigo de Sócrates, que ele não desejava viver; e que o sinal divino se recusou a permitir que ele preparasse uma defesa; e também que o próprio Sócrates declarou que isso era desnecessário, com base no fato de que durante toda a sua vida ele havia se preparado para aquela hora. Pois o discurso respira por todo o tempo um espírito de desafio, *"ut non supplex aut reus sed magister aut dominus videretur esse judicum"*[1] (Cicero, *De Oratore* i. 54); e o estilo solto e desconexo é uma imitação da "maneira de costume" com que Sócrates falava "na ágora e entre as mesas dos cambistas". A alusão no *Crito* (45b) pode, talvez, ser aduzida como mais uma evidência da exatidão literal de algumas partes (37c, d). Mas, em geral, ela deve ser considerada

---

1 "Para que não parecesse um suplicante ou réu, mas, sim, um mestre ou senhor perante os juízes" (tradução nossa).

Introdução

como o ideal de Sócrates, de acordo com a concepção que Platão tem dele, aparecendo na maior e mais pública cena de sua vida e no auge de seu triunfo – quando ele estava mais fraco, mas seu domínio sobre a humanidade era maior, e sua ironia habitual adquiriu um novo significado e uma espécie de *pathos* trágico diante da morte. Os fatos de sua vida são resumidos e as características de seu caráter são reveladas como que por acidente, no curso da defesa. O modo de conversação, a aparente falta de organização e a simplicidade irônica resultam em uma obra de arte perfeita, que é o retrato de Sócrates.

No entanto, alguns tópicos podem ter sido realmente usados por ele, e a lembrança de suas próprias palavras pode ter soado nos ouvidos de seu discípulo. A *Apologia* de Platão pode ser comparada, em geral, aos discursos de Tucídides – nos quais o autor incorporou sua concepção do caráter elevado e da política do grande Péricles e que, ao mesmo tempo, fornecem um comentário sobre a situação dos assuntos do ponto de vista do historiador. Portanto, na *Apologia* há um ideal em vez de uma verdade literal; muito é dito por meio do não dito, e é apenas a visão de Platão da situação. Platão não era, como Xenofonte, um cronista de fatos; em nenhum de seus escritos ele pareceu ter buscado pela precisão literal. Portanto, ele não deve ser complementado com as *Memorabilia* e o *Symposium*, de Xenofonte, que pertence a uma classe de escritores totalmente diferente. A *Apologia* de Platão não é o relato do que Sócrates disse, mas uma composição elaborada – de fato, tão elaborada quanto um dos *Diálogos*. E talvez possamos até nos

Introdução

dar ao luxo de imaginar que a defesa real de Sócrates foi tão maior do que a defesa platônica quanto o mestre foi maior do que o discípulo. Mas, de qualquer forma, algumas das palavras usadas por ele devem ter sido lembradas, e alguns dos fatos registrados devem ter realmente ocorrido. É importante mencionar que Platão estava presente na defesa (*Apologia*) e ausente na última cena de *Fédon*. É fantasioso supor que ele quisesse dar o selo de autenticidade a uma obra e não a outra? Especialmente se considerarmos que essas duas passagens são as únicas em que Platão faz menção a si mesmo. O fato de que Platão seria um de seus fiadores para o pagamento de uma multa tem a aparência de verdade. Mais suspeita é a afirmação de que Sócrates recebeu, do Oráculo de Delfos, o primeiro impulso para sua vocação favorita de interrogar o mundo; pois ele já devia ser famoso antes que Queréfon fosse consultar o Oráculo (Riddell), e a história tem toda a aparência de que muito provavelmente foi inventada. De modo geral, chegamos à conclusão de que a *Apologia* é fiel ao caráter de Sócrates, mas não há como provar que uma única frase tenha sido realmente proferida por ele. Ela respira o espírito de Sócrates, mas foi trazida à vida nos moldes de Platão.

Não há muito nos outros diálogos que possa ser comparado com a *Apologia*. A mesma lembrança de seu mestre pode ter permeado a mente de Platão quando descreveu os sofrimentos do Justo na *República*. O *Crito* também pode ser considerado uma espécie de apêndice da *Apologia* – no qual Sócrates, apesar de ter desafiado os juízes, é representado como alguém escrupulosamente obediente às leis.

Introdução

A idealização do sofredor é levada ainda mais longe nas *Geórgicas*, em que se mantém a tese de que "sofrer é melhor do que fazer o mal", e a arte da retórica é descrita como útil apenas para a autoacusação. Já os paralelismos que ocorrem na chamada *Apologia* de Xenofonte não são dignos de nota, porque o texto em que estão contidos é notoriamente apócrifo. As declarações das *Memorabilia* a respeito do julgamento e da morte de Sócrates concordam, em geral, com Platão, mas perderam o sabor da ironia socrática na narrativa de Xenofonte.

A *Apologia* ou defesa platônica de Sócrates é dividida em três partes: 1ª) a defesa propriamente dita; 2ª) a curta apelação para que fosse atenuada a pena; 3ª) as últimas palavras de repreensão e exortação profética.

A primeira parte inicia com um pedido de desculpas por seu estilo coloquial; ele era, como sempre fora, um inimigo da retórica e não conhecia nenhuma retórica além da verdade; ele não falsificaria seu caráter ao fazer um discurso. Em seguida, passou a dividir seus acusadores em duas classes: primeiro, havia o acusador sem nome – a opinião pública. Todas as pessoas, desde a mais tenra idade, tinham ouvido falar que ele era um corruptor da juventude e tinham visto suas caricaturas nas *Nuvens*, de Aristófanes. Em segundo lugar, havia os acusadores declarados, que eram apenas os porta-vozes dos outros. As acusações de ambos podem ser resumidas em uma só fórmula. Os primeiros dizem: "Sócrates é um malfeitor e um curioso, pesquisando as coisas debaixo da terra e acima do céu, fazendo o pior parecer a melhor causa e ensinando tudo isso aos outros". E os segundos: "Sócrates é um malfeitor e

Introdução

corruptor da juventude, que não venera os deuses que o Estado venera, mas introduz outras novas divindades". Estas últimas palavras parecem ter sido a acusação real (compare com Xenofonte, *Memorabilia*); e a fórmula anterior, que é um resumo da opinião pública, assume o mesmo estilo legal.

A resposta começou esclarecendo uma confusão. Nas representações dos poetas cômicos e na opinião da multidão, ele havia sido associado a professores de ciências físicas e sofistas. Mas isso foi um erro. Ele professou o respeito por ambos os grupos no tribunal aberto, o que contrastava com sua maneira de falar sobre eles em outros lugares (sobre Anaxágoras, compare com *Fédon* e *Leis*; sobre os sofistas, compare com *Meno*, *República*, *Timeu*, *Teeteto*, *Sofista* etc.). Mas, ao mesmo tempo, ele demonstrou que não é um deles, pois não sabia nada sobre filosofia natural; não que ele desprezasse essas buscas, mas as ignorou e nunca disse uma palavra sobre elas. Ele também não foi pago para dar instruções – essa é outra noção equivocada: ele não tinha nada a ensinar. Mas elogiou Éveno por ensinar a virtude por uma taxa "moderada" de cinco *minæ*. Havia algo de sua "ironia familiar" aqui à espreita, talvez adormecida nos ouvidos da multidão.

Em seguida, ele explicou os motivos de ter recebido uma reputação tão ruim. Isso se deveu a uma missão peculiar que ele mesmo assumira. O seu entusiasmado discípulo Querefonte (provavelmente já sabendo de antemão a resposta que receberia) foi até Delfos e perguntou ao Oráculo se existia algum homem mais sábio do que Sócrates; e a resposta foi que não havia homem mais

Introdução

sábio. Qual poderia ser o significado disso: que aquele que nada sabia, e sabia que nada sabia, pudesse ser declarado pelo Oráculo como o mais sábio dos homens? Refletindo sobre a resposta, decidiu refutá-la encontrando "um mais sábio". Primeiro, procurou entre os políticos; depois, entre os poetas; e, em seguida, entre os artesãos; mas sempre com o mesmo resultado: descobriu que eles não sabiam nada ou quase nada mais do que ele; e que a pequena vantagem que possuíam, em alguns casos, era mais do que compensada por sua presunção de conhecimento. Sócrates não sabia nada, e sabia que não sabia nada; eles sabiam pouco ou nada, e imaginavam que sabiam tudo. Assim, ele passou a vida como uma espécie de missionário, detectando a pretensa sabedoria da humanidade; e essa ocupação o absorveu completamente e o afastou dos assuntos públicos e privados. Os jovens mais ricos tinham como passatempo a mesma busca, "o que não era nada divertido". E, assim, surgiram amargas inimizades; os professores do conhecimento se vingaram, chamando-o de vil corruptor da juventude e repetindo lugares-comuns sobre ateísmo, materialismo e sofisma – que são as principais acusações contra todos os filósofos, quando não há mais nada a ser dito contra eles.

Ele respondeu à segunda acusação interrogando Meleto, que está presente e pode ser questionado. "Se ele é o corruptor, então quem é o aperfeiçoador dos cidadãos?" (compare com *Meno*). "Todos os homens, em toda parte". Mas quão absurdo, quão contrário é isso à analogia! Como é inconcebível, também, que ele torne os cidadãos piores quando

Introdução

precisa conviver com eles. Isso certamente não pode ser intencional; e se não fosse intencional, ele deveria ter sido instruído por Meleto, e não acusado no tribunal.

Mas há outra parte da acusação que menciona que Sócrates ensina os homens a não venerarem os deuses que a cidade venera, e que há outros deuses novos. "É essa a maneira pela qual ele supostamente corrompe os jovens?". "Sim, é". "Ele tem apenas novos deuses, ou nenhum?". "Nenhum". "O quê, nem mesmo o sol e a lua?". "Não; ele diz que o sol é uma pedra, e a lua é terra". Esta, responde Sócrates, é a velha confusão sobre Anaxágoras; o povo ateniense não é tão ignorante a ponto de atribuir à influência de Sócrates noções que encontraram seu caminho no drama e podem ser aprendidas no teatro. Sócrates se comprometeu a demonstrar que Meleto (de forma um tanto injustificada) estava compondo um enigma nessa parte da acusação: "Não há deuses, mas Sócrates acredita na existência dos filhos dos deuses, o que é absurdo".

Deixando Meleto, com quem já havia gastado palavras suficientes, Sócrates retorna à acusação original. Agora a pergunta certa pode ser feita: por que ele persistiria em seguir uma profissão que o levaria à morte? Por quê? Porque ele deve permanecer no posto onde o deus o colocou, como permaneceu em Potidaea, Anfípolis e Delium, onde os generais o colocaram. Além disso, ele não é tão sábio a ponto de achar que sabe se a morte é um bem ou um mal; e ele tem certeza de que a deserção de seu dever é um mal. Ânito tem toda a razão ao dizer que eles nunca deveriam tê-lo indiciado se quisessem libertá-lo, pois certamente obedeceria a Deus em vez

Introdução

de obedecer ao homem; e continuaria a pregar a todos os homens, de todas as épocas, a necessidade da virtude e do aperfeiçoamento; e se eles se recusarem a ouvi-lo, ele ainda perseveraria e os repreenderia. Essa é sua maneira de corromper a juventude, que ele não deixaria de seguir em obediência ao deus, mesmo que mil mortes o aguardassem.

Ele desejava que o deixassem viver – não por sua própria causa, mas pela deles; porque ele era seu amigo enviado pelo céu (e eles nunca teriam outro); ou, como pode ser ridiculamente descrito, ele era a mosca que colocava em movimento o generoso corcel. Por que, então, ele nunca participava de assuntos públicos? Porque a familiar voz divina o impediu. Se ele tivesse sido um homem público e tivesse lutado pelo direito, como certamente teria lutado contra muitos, não teria vivido e, portanto, não poderia ter feito nada de bom. Por duas vezes, em questões públicas, ele arriscou sua vida em nome da justiça: a primeira no julgamento dos generais; e depois em resistência às ordens tirânicas dos Trinta.

No entanto, embora não fosse um homem público, Sócrates passou seus dias instruindo os cidadãos sem cobrar ou receber recompensa – essa era a sua missão. Independentemente de seus discípulos terem se saído bem ou mal, ele não pôde ser justamente acusado pelo resultado, pois nunca prometeu ensinar-lhes nada. Eles poderiam vir se quisessem e poderiam ficar longe se assim desejassem; mas eles vinham porque achavam divertido ouvir os pretendentes à sabedoria sendo desmascarados. Se fossem corrompidos, seus parentes mais velhos (senão eles mesmos) certamente poderiam ir ao

Introdução

tribunal testemunhar contra ele, e ainda haveria uma oportunidade de aparecerem. Mas todos os seus pais e irmãos compareceram ao tribunal (inclusive "este" Platão) para testemunhar a favor dele; e se os parentes estivessem corrompidos, pelo menos eles estariam incorruptos; "e eles são minhas testemunhas; pois eles sabem que estou falando a verdade, e que Meleto está mentindo".

Isso era tudo o que Sócrates tinha a dizer. Ele não pediu aos juízes que poupassem sua vida nem apresentou um espetáculo de choro infantil, embora também não fosse feito de "pedra ou carvalho". Alguns dos próprios juízes podem ter se envolvido nessa prática em ocasiões semelhantes, e ele confiou que não ficariam contrariados se não seguisse esse exemplo. Mas Sócrates sentiu que tal conduta traria desonra ao nome de Atenas; também sentiu que o juiz jurou não fazer justiça; e que não podia ser culpado da impiedade de suplicar ao juiz que quebrasse seu juramento, quando ele próprio estava sendo julgado por impiedade.

Como esperado, e ele provavelmente pretendia, foi condenado. E o tom do discurso, em vez de ser mais conciliatório, tornou-se mais sublime e imponente. Ânito propôs a pena de morte; e que contraproposta devia fazer? Ele, o benfeitor do povo ateniense, cuja vida inteira fora dedicada a fazer o bem, deveria pelo menos ter a recompensa do vencedor olímpico: a de ser sustentado pelo Pritaneu. Ou, por que ele deveria propor qualquer contrapenalidade, sem saber se a morte que Ânito propôs era um bem ou um mal? E ele tinha certeza de que a prisão era um mal, e de que o exílio era um mal. A perda de dinheiro podia ser um mal, mas

Introdução

ele não tinha nenhum para dar; talvez ele pudesse oferecer uma mina. Que essa fosse a penalidade, ou, se seus amigos quisessem, trinta *minæ*; para isso eles seriam excelentes fiadores. *[Ele foi condenado à morte.]*

Ele já era um homem idoso, e os atenienses não ganhariam nada além de desgraça ao privá-lo de alguns anos de vida. Talvez ele pudesse ter sido poupado se tivesse optado por baixar as armas e implorar por sua vida. Mas ele não se arrependeu de forma alguma da maneira como se defendeu; preferiu morrer à sua própria maneira a viver à maneira deles, pois a pena da injustiça era mais rápida do que a morte; essa pena já alcançara seus acusadores, assim como a morte logo o alcançaria.

E agora, como alguém que estava prestes a morrer, ele profetizaria sobre eles. Matá-lo-iam para escapar da necessidade de prestar contas de suas vidas. Mas sua morte "seria a semente" de muitos discípulos, que os convenceriam de seus maus caminhos e os repreenderiam em termos mais severos, porque eram mais jovens e menos reverentes.

Sócrates gostaria de dizer algumas palavras, enquanto havia tempo, àqueles que o teriam absolvido. Ele queria que soubessem que o sinal divino nunca o deteve no curso de sua defesa; a razão disso, como ele conjecturou, era que a morte que encontraria era um bem, e não um mal. Pois, ou a morte era um longo sono (o melhor de todos os sonos), ou uma viagem para outro mundo, onde as almas dos mortos estão reunidas e onde pode haver esperança de rever os heróis de outrora. Onde, também, há juízes justos; e, como todos são imortais, não precisamos ter medo de sofrer a morte por causa de nossas opiniões.

Introdução

Nada de mal pode acontecer ao homem bom, seja na vida ou na morte; e sua própria morte foi permitida pelos deuses, porque era melhor partir. Portanto, Sócrates perdoou seus juízes, porque eles não lhe causaram nenhum dano, embora nunca tenham tido a intenção de lhe fazer nenhum bem.

Ele tinha um último pedido a fazer: que incomodassem seus filhos assim como ele os incomodara se eles parecessem preferir as riquezas à virtude, ou se eles se achassem importantes quando não fossem nada.

"Poucas pessoas desejariam que Sócrates tivesse se defendido de maneira diferente" – especialmente se considerarmos que sua defesa foi aquela apresentada por Platão. No entanto, deixando essa questão de lado, que não permite uma solução clara, podemos nos perguntar qual foi a impressão que Platão pretendeu transmitir sobre o caráter e o comportamento de seu mestre na última grande cena da *Apologia*. Será que ele quis retratá-lo: (1) como alguém que recorre a sofismas; (2) como alguém que deliberadamente irrita os juízes? Ou será que esses sofismas devem ser entendidos como características da época em que viveu e de seu próprio caráter, e essa aparente arrogância como uma consequência da posição elevada que ocupava?

Por exemplo, quando ele afirma que é absurdo supor que apenas um homem seja o corruptor, enquanto todos os outros são mentores da juventude; ou quando argumenta que jamais poderia ter corrompido os homens com os quais conviveu; ou, ainda, quando fundamenta sua crença nos deuses

Introdução

a partir da existência dos filhos dos deuses – será que ele está falando sério ou fazendo uma brincadeira? Vale ressaltar que todos esses sofismas surgem durante o interrogatório de Meleto, que se mostra facilmente derrotado pelas habilidades dialéticas do grande mestre. Talvez Sócrates tenha considerado essas respostas suficientemente boas para seu acusador, a quem ele trata com pouco-caso. Além disso, há nelas um toque de ironia, que as retira da categoria de sofisma (compare com *Eutífron*).

É difícil negar que a maneira como ele se defende em relação às vidas de seus discípulos não é satisfatória. Frescos na memória dos atenienses, e detestáveis como mereciam ser para a recém-restaurada democracia, eram os nomes de Alcibíades, Crítias e Carmines. Obviamente, não é uma resposta suficiente argumentar que Sócrates nunca havia professado ensinar-lhes nada, e portanto não pode ser justamente responsabilizado por seus crimes. No entanto, a defesa, quando retirada desta forma irônica, é indubitavelmente sólida: que seu ensino nada teve a ver com suas vidas malignas. Aqui, então, a sofística está mais na forma do que no conteúdo, embora possamos desejar que diante de uma acusação tão grave Sócrates tivesse dado uma resposta mais séria.

Verdadeiramente característico de Sócrates é outro ponto em sua resposta, que também pode ser considerado como sofístico. Ele afirma que "se corrompeu a juventude, deve tê-los corrompido involuntariamente". Mas se, como Sócrates argumenta, todo mal é involuntário, então todos os criminosos deveriam ser advertidos, e não punidos.

¶Introdução

Nessas palavras, a doutrina socrática da involuntariedade do mal está claramente destinada a ser transmitida. Novamente, como no exemplo anterior, a defesa de Sócrates é praticamente falsa, mas pode ser verdadeira em algum sentido ideal ou transcendental. A resposta comum, de que, se ele tivesse sido culpado de corromper a juventude, certamente seus parentes teriam testemunhado contra ele, com a qual ele conclui esta parte de sua defesa, é mais satisfatória.

Igualmente, quando Sócrates argumenta que deve acreditar nos deuses porque acredita nos filhos dos deuses, devemos lembrar que isso não é uma refutação da acusação original, que é suficientemente consistente – "Sócrates não venera os deuses que a cidade venera, e tem outras novas divindades" –, mas da interpretação dada às palavras por Meleto, que afirmou que ele era um verdadeiro ateu. A isso, Sócrates responde de forma justa, de acordo com as ideias da época, que um verdadeiro ateu não pode acreditar nos filhos dos deuses ou em coisas divinas. A noção de que demônios ou divindades menores são os filhos dos deuses não deve ser considerada irônica ou cética. Ele está argumentando *ad hominem* de acordo com as noções de mitologia vigentes em sua época. No entanto, ele se abstém de dizer que acreditava nos deuses que o Estado aprovava. Ele não se defende, como Xenofonte o fez, apelando para sua prática religiosa. Provavelmente, ele nem acreditava completamente, nem desacreditava, na existência dos deuses populares; ele não tinha meios de saber sobre eles. Segundo Platão (compare com *Fédon; Simpósio*), assim como Xenofonte (*Memorabilia*), ele era pontual na realização dos menores deveres religiosos; e deve ter

Introdução

acreditado em seu próprio sinal oracular, do qual parecia ter uma testemunha interna. Mas a existência de Apolo ou Zeus, ou dos outros deuses que o Estado aprovava, teria lhe parecido tanto incerta quanto irrelevante em comparação com o dever de autoexame, e com aqueles princípios de verdade e justiça que ele considerava serem a base da religião (compare com *Fedro*; *Eutífron*; *República*).

A segunda questão, se Platão pretendia representar Sócrates desafiando ou irritando seus juízes, também deve ser respondida negativamente. Sua ironia, sua superioridade, sua audácia, "não considerando a pessoa do homem", necessariamente decorrem da elevação de sua situação. Ele não estava representando um papel em uma grande ocasião, mas era o que tinha sido ao longo de toda a sua vida: "um rei entre os homens". Ele preferiria não parecer insolente se pudesse evitar (*ouch os authadizomenos touto lego* – "não digo isso como uma maneira de me gabar").

Ele também não desejava apressar seu próprio fim, pois a vida e a morte eram simplesmente indiferentes para ele. Mas uma defesa que seria aceitável para seus juízes e poderia garantir uma absolvição não estava em sua natureza fazer. Ele não diria ou faria nada que pudesse perverter o curso da justiça; ele não pôde ter sua língua amarrada mesmo "na garganta da morte". Com seus acusadores, ele apenas esgrimou e brincou, como havia feito com outros "mentores da juventude", respondendo ao Sofista de acordo com sua sofisticação ao longo de toda a sua vida. Ele falava sério sobre sua própria missão, que parecia distingui-lo de todos os outros reformadores da humanidade, e que se originou de um acidente. A dedicação dele à melhoria de seus concidadãos não era tão notável quanto

Introdução

o espírito irônico com que ele fazia o bem apenas para a vindicação do crédito do oráculo e na vã esperança de encontrar um homem mais sábio do que ele. No entanto, esse caráter singular e quase acidental de sua missão concorda com o sinal divino que, de acordo com nossas noções, é igualmente acidental e irracional, e mesmo assim foi aceito por ele como o princípio orientador de sua vida.

Sócrates não é em nenhum lugar representado como um livre-pensador ou cético. Não há motivo para duvidar de sua sinceridade quando especula sobre a possibilidade de ver e conhecer os heróis da guerra de Troia em outro mundo. Por outro lado, sua esperança de imortalidade é incerta; ele também concebe a morte como um longo sono (neste aspecto, diferindo em *Fédon*) e, por fim, resigna-se à vontade divina e à certeza de que nenhum mal pode acontecer ao homem bom, seja na vida ou na morte. Sua absoluta sinceridade parece impedi-lo de afirmar positivamente mais do que isso; e ele não tenta esconder sua ignorância em mitologia e figuras de linguagem. A gentileza da primeira parte do discurso contrasta com o tom agravado, quase ameaçador, da conclusão. Ele caracteristicamente observou que não falaria como um retórico, ou seja, não faria uma defesa regular como Lísias ou um dos oradores poderia ter composto para ele, ou, segundo algumas versões, fez para ele. Mas primeiro ele se assegurou de ter uma audiência com palavras conciliatórias. Não atacou os Sofistas; pois eles estavam sujeitos às mesmas acusações que ele: eram igualmente ridicularizados pelos poetas cômicos e quase igualmente odiosos como Ânito e Meleto. No entanto, incidentalmente, o antagonismo entre Sócrates e os Sofistas não pode deixar de aparecer. Ele era pobre, e aqueles, ricos; sua profissão de

Introdução

quem não ensina nada era oposta à disposição deles de ensinar todas as coisas; sua conversa na praça pública à instrução privada deles; sua vida caseira à deles, que viajavam de cidade em cidade. O tom que ele assumiu em relação a eles é de verdadeira amizade, mas também de ironia dissimulada. Quanto a Anaxágoras, que o havia decepcionado em suas esperanças de aprender sobre mente e natureza, ele mostrou um sentimento menos amistoso, que também era o sentimento de Platão em outros trechos (*Leis*). Mas Anaxágoras já estava morto há trinta anos e fora do alcance da perseguição.

Observa-se que a profecia de uma nova geração de mestres que repreenderiam e exortariam o povo ateniense em termos mais duros e violentos, até onde sabemos, nunca foi cumprida. Nenhuma inferência pode ser feita a partir desse fato quanto à probabilidade das palavras atribuídas a ele terem sido realmente proferidas. Elas expressam a aspiração do primeiro mártir da filosofia – de que ele deixaria para trás muitos seguidores –, acompanhada do sentimento natural de que eles seriam mais ferozes e menos ponderados em suas palavras quando libertos de seu controle.

As observações anteriores devem ser interpretadas como aplicáveis apenas ao Sócrates retratado por Platão, sem qualquer grau de certeza. Embora Sócrates possa ter proferido essas palavras ou similares, não podemos descartar a possibilidade de que, como muitas outras coisas, como a sabedoria de Crítias, o poema de Sólon, as virtudes de Carmines, elas possam ter sido puramente fruto da imaginação de Platão. Os argumentos daqueles que afirmam que a *Apologia* foi escrita durante o processo, sem qualquer evidência, não merecem uma refutação séria. Da mesma forma, os argumentos de Schleiermacher, que defende

Introdução

que a defesa platônica é uma reprodução exata ou quase exata das palavras de Sócrates, em parte porque Platão não cometeria a impiedade de alterá-las e porque muitos pontos da defesa poderiam ter sido melhorados e fortalecidos, carecem de conclusão. O efeito da morte de Sócrates na mente de Platão é algo que não podemos determinar com certeza, tampouco podemos afirmar como ele teria escrito sob tais circunstâncias. Vale ressaltar que a hostilidade de Aristófanes para com Sócrates não impede que Platão os apresente juntos no Simpósio, envolvidos em uma interação amigável. Além disso, nos *Diálogos*, não há indícios de uma tentativa de tornar Ânito ou Meleto pessoalmente odiosos aos olhos do público ateniense.

APOLOGIA

PRIMEIR

Sócrates apresenta a sua defesa

A PARTE

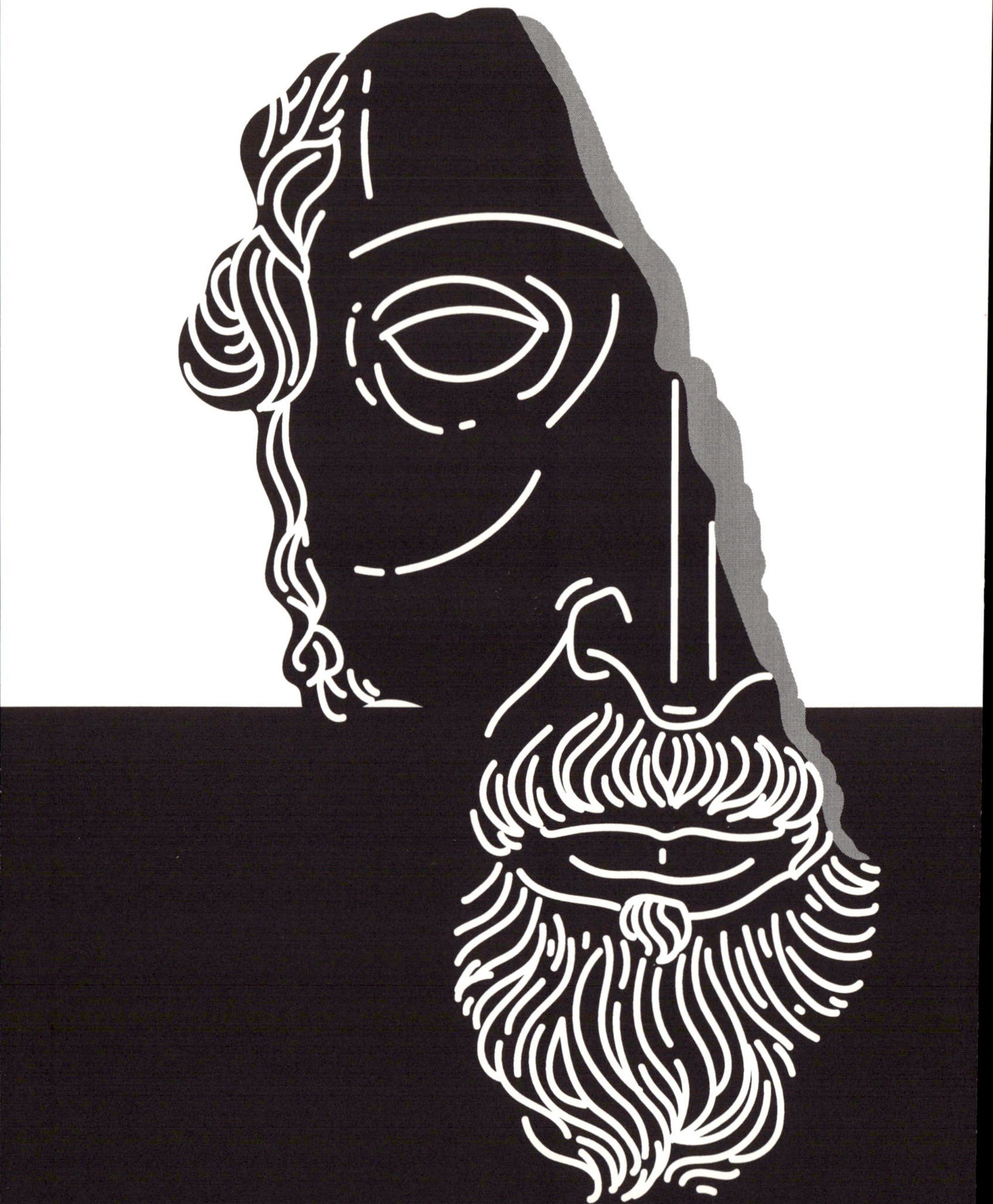

I

– Como vocês, cidadãos de Atenas, foram influenciados por meus acusadores, não posso dizer com certeza. No entanto, é inegável que suas palavras foram tão persuasivas que por um momento quase me fizeram esquecer minha própria identidade. Mas, dentre todas as falsidades por eles pronunciadas, uma em particular me deixou perplexo: a sugestão de que vocês deveriam se proteger da força de minha eloquência. É uma alegação ousada, considerando que meus acusadores estavam cientes de que qualquer um poderia perceber a falsidade assim que eu começasse a falar. A menos, é claro, que por "força da eloquência" eles estivessem se referindo à força da verdade. Se este for o caso, então admito que sou eloquente, embora de uma maneira bem diferente da deles. De qualquer forma, meus acusadores mal tocaram na verdade; mas de mim vocês ouvirão a verdade completa. No entanto, não esperem um discurso formal, cheio de palavras e frases ornamentadas. Não, de jeito nenhum! Eu usarei as palavras e os argumentos que me ocorrerem no momento, pois estou confiante na justiça da minha causa.

"Não esperem que eu me apresente diante de vocês, homens de Atenas, como um jovem orador; isso não condiz com minha idade e experiência. Peço que me concedam apenas um favor: se eu me defender como costumo fazer, usando as palavras que utilizo habitualmente na Ágora, no mercado dos cambistas ou em qualquer outro lugar, peço que não se surpreendam e não me interrompam por isso. Pois tenho mais de setenta anos e, apresentando-me pela primeira vez diante de um tribunal, sinto-me como um estranho diante da linguagem utilizada aqui. Portanto, peço que me vejam como se eu realmente fosse um estrangeiro, alguém que vocês perdoariam se falasse na língua de sua terra natal, seguindo os costumes de seu país. Estou sendo razoável com esse pedido? Não se prendam à forma, que pode ser boa ou não; mantenham o foco apenas na verdade do que digo, e prestem atenção nisso: que o orador fale com sinceridade e o juiz decida com justiça.

II

"Primeiramente, devo responder às acusações mais antigas e aos meus primeiros acusadores, e depois passarei para os mais recentes. Por muito tempo, muitos têm me acusado falsamente diante de vocês, ao longo de muitos anos; e tenho mais medo deles do que de Ânito e seus associados, que também são perigosos, cada um à sua maneira. Porém, ainda mais perigosos são os outros, que começaram quando vocês eram crianças e conquistaram suas mentes com mentiras: falando de um Sócrates, um homem sábio, que especulava sobre o céu acima e investigava a terra abaixo, e fazia a pior causa parecer a melhor. Os disseminadores dessa história são os acusadores que temo; pois seus ouvintes tendem a pensar que tais questionadores não acreditam na existência dos deuses. E eles são muitos, e suas acusações contra mim são antigas, feitas nos dias em que vocês eram mais influenciáveis do que agora – na infância ou talvez na juventude –, e a causa, quando ouvida, foi decidida por falta de defesa, pois não havia quem respondesse. E o mais difícil de tudo: não sei e não posso dizer os nomes dos meus acusadores, a não ser no caso fortuito de um poeta cômico. Todos aqueles que, por inveja e malícia, persuadiram vocês – alguns, depois de convencerem a si mesmos –, essa classe de homens é a mais difícil de lidar; pois não posso trazê-los até aqui e interrogá-los, e, portanto, devo simplesmente lutar contra sombras em minha defesa e argumentar quando não há quem responda. Peço, então, que vocês assumam comigo, como eu estava dizendo, que meus oponentes são de dois tipos; um mais recente e o outro mais antigo: e espero que compreendam a razão de eu responder primeiro aos antigos, pois vocês ouviram estas acusações muito antes das outras, e com muito mais frequência.

"Bem, então, devo fazer minha defesa e tentar desfazer em pouco tempo uma calúnia que perdura há muito tempo. Que eu tenha sucesso, se isso for bom para mim e para vocês, ou se for provável que me ajude na minha causa! A tarefa não é fácil; entendo perfeitamente do que se trata. E então, deixando o resultado nas mãos de Deus, em obediência à lei, farei agora minha defesa.

III

"Começarei pelo início e perguntarei qual é a acusação que deu origem à calúnia contra mim e, de fato, encorajou Meleto a apresentar essa queixa contra mim. Bem, o que dizem os caluniadores? Eles serão meus acusadores, e resumirei suas palavras numa declaração: "Sócrates é um malfeitor e uma pessoa curiosa, que investiga coisas debaixo da terra e no céu, e faz a pior causa parecer a melhor; e ensina essas doutrinas a outros". Essa é a natureza da acusação: é exatamente o que vocês mesmos viram na comédia de Aristófanes (*Nuvens*), que introduziu um homem chamado Sócrates, que anda por aí dizendo que caminha pelo ar e diz uma série de bobagens sobre assuntos dos quais não pretendo saber muito ou pouco. Não que eu queira falar mal de alguém que estuda a filosofia natural; lamentaria muito se Meleto pudesse fazer uma acusação tão grave contra mim. Mas a simples verdade, ó atenienses, é que não tenho nada a ver com especulações físicas. Muitos dos aqui presentes são testemunhas desta verdade, e apelo a eles. Falem, então, vocês que me ouviram e digam aos seus vizinhos se algum de vocês já me viu discorrer, seja em poucas palavras ou em muitas, sobre tais assuntos... Vocês ouvem a resposta deles. E pelo que disserem nesta parte da acusação, podereis julgar a veracidade do resto.

IV

"Também não tem fundamento a história de que sou professor e que cobro por isso; essa acusação não é mais verdadeira do que as outras. Embora, na minha opinião, se um homem realmente pudesse ensinar a humanidade, receber dinheiro por dar instrução seria uma honra para ele. Temos Górgias de Leôncio, Pródico de Ceos e Hípias de Elis, que viajam pelas cidades convencendo os jovens a deixarem seus próprios cidadãos, que poderiam ensiná-los gratuitamente e virem até eles – aos quais não apenas pagam, como também ficam agradecidos por terem a oportunidade de pagar. Atualmente, há um filósofo pariano residindo em Atenas, sobre quem ouvi falar; e soube dele da seguinte maneira: encontrei um homem que já havia gastado muito dinheiro com os sofistas, chamado Calias, filho de Hipônico. E, sabendo que ele tinha filhos, perguntei-lhe: "Calias, se seus dois filhos fossem potros ou bezerros, não haveria dificuldade em encontrar alguém para cuidar deles; contrataríamos um treinador de cavalos ou, provavelmente, um fazendeiro, que os aperfeiçoaria em sua própria virtude e excelência; mas sendo eles seres humanos, a quem você está pensando em confiar a educação deles? Há alguém que entenda de virtude humana e política? Você deve ter pensado no assunto, pois tem filhos;

há alguém?". "Há", ele disse. "Quem é?", eu perguntei; "De que cidade? E quanto ele cobra?". "É Éveno, o pariano", ele respondeu, "e ele cobra cinco *minæ*". *Feliz é Éveno*, eu pensei comigo mesmo, *se realmente possui essa sabedoria e ensina por uma taxa tão moderada.* Se eu tivesse essa mesma sabedoria, eu seria um homem muito orgulhoso e convencido; mas a verdade é que não tenho esse tipo de conhecimento.

V

"Imagino que alguns de vocês, atenienses, possam responder: "Sim, Sócrates, mas qual é a origem dessas acusações feitas contra você? Você não fez nada de incomum? Todos esses rumores e conversas sobre você nunca teriam surgido se você fosse simplesmente como os outros homens; nos diga, então, qual é a causa deles, pois não gostaríamos de julgá-lo precipitadamente". Considero isso um desafio justo, e tentarei explicar a vocês o motivo pelo qual sou considerado sábio e tenho uma fama tão ruim. Por favor, prestem atenção. E, embora alguns de vocês possam pensar que estou brincando, declaro que vou contar toda a verdade. Homens de Atenas, essa minha reputação vem de um certo tipo de sabedoria que possuo. Se me perguntarem que tipo de sabedoria, respondo: uma sabedoria que talvez seja alcançável pelo homem, pois até esse ponto acredito ser sábio; enquanto as pessoas sobre as quais falava possuem uma sabedoria sobre-humana que eu talvez não consiga descrever, porque não a possuo; e aqueles que dizem que a tenho falam falsamente e atacam a minha reputação. E aqui, ó homens de Atenas, peço que não me interrompam, mesmo que pareça que vou dizer algo extravagante. Pois as palavras que direi não são minhas. Eu os remeto a uma testemunha digna de crédito; essa testemunha será o Oráculo de Delfos – ele dirá a vocês sobre minha sabedoria, se tenho alguma e de que tipo ela é. Vocês devem ter conhecido Querefonte; ele foi um amigo meu de longa data, e também um amigo de vocês, pois compartilhou com vocês do recente exílio e retorno. Bem, Querefonte, como vocês sabem, era muito impetuoso em todas as suas ações; ele se atreveu a ir a Delfos e ousadamente pediu ao Oráculo que lhe dissesse – como eu estava dizendo, peço que não me interrompam –, ele perguntou ao Oráculo se havia alguém mais sábio do que eu; ao que a Pitonisa respondeu que não havia homem mais sábio. Querefonte já morreu; mas seu irmão, que está presente neste tribunal, confirmará a verdade do que estou dizendo.

VI

"Por que menciono esse fato? Para explicar por que tenho uma fama tão ruim. Quando ouvi a resposta, pensei comigo mesmo: *O que o Oráculo quis dizer com isso? E qual é o significado do seu enigma?* Pois sei que não possuo sabedoria alguma; nem pouca, nem muita. Então, o que ele quis dizer ao afirmar que sou o mais sábio dos homens? E ainda assim ele é um deus e não pode mentir; isso iria contra sua natureza. Após muito refletir, pensei em uma maneira de resolver a questão. Concluí que, se conseguisse encontrar alguém mais sábio que eu, então eu mesmo poderia ir até o Oráculo com uma refutação em mãos. Diria a ele: "Aqui está um homem mais sábio que eu; mas disseste que eu era o mais sábio". Assim, fui até alguém que tinha fama de sábio e o observei – não vejo a necessidade de mencionar seu nome; foi apenas um político que escolhi para examinar –, e o resultado foi o seguinte: quando começamos a conversar, percebi que ele não possuía verdadeira sabedoria, apesar de ser considerado sábio por muitos (e mais ainda por ele próprio). E então tentei explicar que ele se achava sábio, mas não o era de fato; e a consequência foi que ele passou a me odiar, e sua inimizade foi compartilhada por vários que estavam presentes e me ouviram. Então deixei-o, pensando comigo mesmo enquanto me afastava: *Bem, embora eu não acredite que algum de nós realmente saiba o que é belo e bom, estou em melhor situação que ele – pois ele não sabe nada e acredita que sabe; eu nada sei e reconheço minha falta de saber.* Neste último aspecto, portanto, reside a minha leve superioridade.

VII

"Depois fui até outro que tinha pretensões de sabedoria ainda maiores, e minha conclusão foi exatamente a mesma. Com isso, fiz dele outro inimigo, e muitos outros além dele. E fui de pessoa em pessoa, não inconsciente da inimizade que provocava, o que me causava tanto lamento quanto temor. Mas senti uma necessidade imposta sobre mim: *a palavra do Oráculo*, pensei, *deveria ser priorizada*. E disse a mim mesmo: devo ir até todos os que parecem ser sábios e descobrir o significado do Oráculo. E juro a vocês, atenienses, por Cérbero, eu juro! – pois devo contar a vocês a verdade – que o resultado da minha missão foi justamente esse: descobri que os homens com mais reputação eram os mais tolos, e que outros, menos estimados, eram realmente os mais sábios e melhores.

"Contarei a história de minhas andanças e dos chamados "trabalhos hercúleos" que suportei apenas para encontrar, por fim, o irrefutável Oráculo. Depois dos políticos, fui até os poetas: os trágicos, os ditirâmbicos e de todos os tipos. Então, refleti que seria imediatamente revelada minha ignorância; logo seria perceptível que eu sabia menos que eles. Por isso, levei até eles passagens complexas de suas próprias obras, questionando seus significados – pensando que poderiam me ensinar algo. Vocês acreditariam em mim? Quase me envergonho pelo que vou confessar, mas a verdade é que praticamente qualquer um poderia discorrer sobre a poesia deles melhor do que eles próprios. Foi quando percebi que a poesia não nasce da sabedoria, mas de um tipo de talento natural e inspiração; são como oráculos ou profetas que proferem belas palavras sem as compreender. Vi que os poetas estavam no mesmo dilema; e notei também que, embasados em sua poesia, consideravam-se mais sábios em áreas nas quais faltava sabedoria. Portanto, afastei-me, considerando-me superior a eles pelo mesmo motivo que me considerava superior aos políticos.

VIII

"Finalmente, cheguei aos artesãos. Eu reconhecia minha total ignorância e tinha certeza de que eles detinham conhecimentos específicos valiosos. Nesse ponto, minha expectativa se confirmou, pois eles sabiam de muitas coisas das quais eu nada sabia, o que os tornava mais sábios que eu nesses aspectos. No entanto, percebi que os artesãos habilidosos incorriam no mesmo erro dos poetas: acreditavam que, por serem excelentes em seu trabalho, dominavam também assuntos complexos – falha essa que ofuscava a real sabedoria que possuíam. Diante disso, questionei-me, tendo em mente as palavras do Oráculo: se gostaria de ser como sou, livre tanto do conhecimento quanto da ignorância deles, ou se preferiria partilhar de ambos. Decidi, tanto para mim quanto em resposta ao Oráculo, que era melhor permanecer na minha condição atual.

IX

"Essa jornada me fez acumular muitos inimigos, dos tipos mais perigosos, e provocou diversas falsas acusações contra mim. Sou considerado sábio, apenas porque quem me ouve pensa que detenho a sabedoria que aponto faltar nos outros. Porém, a realidade, ó cidadãos de Atenas, é que somente Deus (aqui, na pessoa do Oráculo) possui a verdadeira sabedoria. Com sua resposta, Ele quis demonstrar que a sabedoria humana é praticamente inútil; não se referia especificamente a Sócrates, mas me usou como exemplo, sugerindo que o mais sábio é aquele que, como Sócrates, reconhece que sua suposta sabedoria é na verdade insignificante. Assim, percorro o mundo, fiel ao mandato divino, examinando e questionando a sabedoria de qualquer um que pareça sábio, seja cidadão ou estrangeiro. Se provo que não são sábios, faço isso em honra ao Oráculo. Esse compromisso me absorve completamente, deixando-me sem tempo para assuntos públicos ou pessoais, levando-me a uma pobreza absoluta pela minha dedicação ao divino.

"Há mais uma coisa: os jovens das classes mais abastadas, que têm bastante tempo livre, costumam me procurar por vontade própria; eles se divertem ouvindo os pretensiosos sendo questionados, e muitas vezes me imitam, indo além para examinar outros. Rapidamente descobrem que há muitas pessoas que acreditam saber, mas na verdade sabem pouco ou nada; então, aqueles que são questionados por eles, em vez de ficarem irritados consigo mesmos, ficam irritados comigo. Dizem: "Esse maldito Sócrates, esse nefasto corruptor da juventude!". E quando alguém lhes pergunta: "Mas afinal, que mal ele faz ou ensina?", eles não sabem responder; contudo, para não parecerem perdidos, repetem as acusações prontas usadas contra todos os filósofos: sobre ensinar coisas sobre as nuvens e debaixo da terra, não acreditar em deuses e fazer o pior parecer melhor; pois não querem admitir que sua falsa pretensão de conhecimento foi desmascarada – e esta é a verdade. E, por serem numerosos, ambiciosos e ativos, e por se organizarem para o combate com discursos persuasivos, encheram os ouvidos de vocês com calúnias barulhentas e persistentes. E é por isso que meus três acusadores – Meleto, Ânito e Lícon – voltaram-se contra mim: Meleto, em nome dos poetas; Ânito, pelos artesãos e políticos; Lícon, pelos retóricos. E, como disse no início, não espero eliminar essa avalanche de calúnias de imediato. E esta, ó homens de Atenas, é a pura verdade; nada ocultei nem dissimulei. E, ainda assim, sei que minha franqueza faz com que me odeiem; e o que é o ódio deles, senão uma prova de que estou dizendo a verdade? Assim surgiu o preconceito contra mim; e esta é a razão, como perceberão nesta ou em qualquer futura investigação.

X

"Já disse o suficiente em minha defesa contra a primeira leva de meus acusadores; agora, dirijo-me à segunda leva, liderada por Meleto, esse bom homem e autoproclamado amante de sua pátria. Contra esses também preciso me defender – leiam a declaração deles, que afirma mais ou menos o seguinte: que Sócrates é um malfeitor, corrompendo a juventude e não acreditando nos deuses venerados pelo Estado, mas, sim, em novas divindades próprias. Essa é a acusação; vamos então analisar cada ponto específico.

"Ele me acusa de corromper a juventude e praticar o mal; porém, afirmo a vocês, ó homens de Atenas, que Meleto é quem comete o mal, fingindo seriedade enquanto na verdade zomba, e precipitando homens ao julgamento com um falso zelo e interesse por questões que, na realidade, nunca lhe importaram. E é isso que tentarei demonstrar a vocês.

XI

"Meleto, aproxime-se e me deixe fazer-lhe uma pergunta. Você se diz preocupado com o desenvolvimento da juventude?".

– Sim, é claro que sim.

– Então, esclareça para os juízes: quem é, na sua visão, o verdadeiro mentor deles? Afinal, você fez questão de me apontar como o corruptor e agora me acusa aqui. Fale: quem seria o mentor então? Percebam, Meleto se cala, sem respostas. Não acha vergonhoso e uma prova do que digo esse seu desinteresse genuíno no assunto? Vamos, diga-nos, quem é o mentor?

— As leis.

— Não, não é a isso que me refiro. Quem é, especificamente, conhecedor dessas leis?

— Os juízes aqui presentes, Sócrates.

— Você quer dizer, Meleto, que eles têm a capacidade de educar e aprimorar a juventude?

— Com toda certeza.

— Todos eles ou somente alguns, e outros não?

— Todos.

— Pela deusa Hera, isso, sim, é uma novidade excelente! Então, temos muitos mentores. E quanto ao público, eles contribuem para o seu aprimoramento?

— Sim, contribuem.

— E os senadores?

— Sim, os senadores também contribuem.

– E talvez os membros da assembleia os prejudiquem? Ou eles também contribuem para o aprimoramento?

– Eles também contribuem.

– Portanto, todo ateniense contribui para o aprimoramento e a elevação da juventude; todos, menos eu? Eu sou o único corruptor deles? É isso que você afirma?

– É isso que afirmo, categoricamente.

– Se o que diz for verdade, estou numa situação complicada. Mas, pensemos juntos: o que acontece com os cavalos? Será que apenas uma pessoa os prejudica enquanto todos os demais os beneficiam? Na verdade, é o contrário: poucos, como os treinadores, realmente conseguem fazer o bem aos cavalos; a grande maioria pode acabar causando danos. Isso se aplica aos cavalos e a qualquer outra criatura, certo, Meleto? De fato, seria ideal se a juventude tivesse somente uma pessoa a corrompê-la, enquanto todos os outros trabalhassem em seu benefício. No entanto, Meleto, você já deixou claro que a juventude nunca foi realmente uma preocupação sua, o que é evidenciado pela forma como você ignora as próprias bases de sua acusação contra mim.

XII

"E agora, Meleto, uma outra questão para você – e, por Zeus, vou perguntar: é melhor conviver com pessoas más ou boas? Responda, não é difícil. As pessoas boas não trazem benefícios aos que estão ao seu redor, enquanto as más causam prejuízo?

– Com certeza.

– Alguém prefere ser prejudicado em vez de beneficiado por aqueles com quem convive? Responda, é legalmente necessário que você responda: alguém gosta de ser prejudicado?

– Claro que não.

– Então, ao me acusar de corromper a juventude, você alega que faço isso intencionalmente ou por acidente?

– Digo que é intencionalmente.

– E eu, com minha idade, não teria percebido que, se corrompo alguém com quem convivo, é provável que eu mesmo seja afetado por essa corrupção? Ainda assim, você afirma que eu corrompo deliberadamente – algo que nem você, nem ninguém poderia me fazer acreditar. Portanto, ou não estou corrompendo ninguém; ou, se estou, é sem intenção; e, sob qualquer perspectiva, sua acusação é falsa. Se a minha ação é involuntária, a lei não se ocupa de atos não intencionais: você deveria ter me aconselhado e me corrigido em particular. Pois, se tivesse sido adequadamente orientado, eu teria parado de praticar qualquer ação não intencional – com certeza teria. Mas você se recusou a orientar-me. E agora me arrasta a este tribunal, que não serve para educar, mas para punir.

XIII

"Torna-se evidente, atenienses, que Meleto não tem o menor interesse na questão. Mas, ainda assim, gostaria de entender, Meleto, de que maneira exatamente alega que corrompo os jovens. Suponho que você acredita, baseado em sua acusação, que os ensino a rejeitar os deuses reconhecidos pelo Estado e a venerar novas entidades espirituais. Seriam esses os ensinamentos com os quais eu corromperia a juventude, segundo você afirma?

– Sim, é exatamente o que afirmo, com toda certeza.

– Então, Meleto, pelo amor dos deuses, seja mais claro comigo e com o tribunal! Ainda não entendi se você está dizendo que eu ensino as pessoas a acreditarem em deuses, o que significaria que acredito em deuses e não sou completamente ateu. Disso você não me acusa, mas afirma que os deuses em que acredito não são os mesmos que a cidade venera. A acusação é que são deuses diferentes. Ou você está me acusando simplesmente de ser ateu e de ensinar o ateísmo?

– Quero dizer a última opção: que você é completamente ateu.

– Que afirmação extraordinária! Por que você pensa assim, Meleto? Está sugerindo que não acredito na divindade do sol ou da lua, como as outras pessoas?

– Asseguro aos juízes que ele não acredita: pois ele afirma que o sol é uma pedra, e que a lua é terra.

Sócrates apresenta a sua defesa

– Amigo Meleto, talvez não saiba, mas está acusando Anaxágoras; e tem uma péssima opinião dos juízes se imagina que eles são tão ignorantes a ponto de não saberem que essas doutrinas estão nos livros de Anaxágoras de Clazômenas, que estão repletos delas. E, assim, parece que os jovens estão sendo ensinados por Sócrates, quando essas ideias são frequentemente apresentadas no teatro (provavelmente uma alusão a Aristófanes, que caricaturava, e a Eurípides, que emprestava noções de Anaxágoras, assim como outros poetas dramáticos) por um preço de admissão de no máximo uma dracma; eles poderiam pagar e rir de Sócrates se ele fingisse ser o autor dessas ideias extraordinárias. E então, Meleto, você realmente acha que eu não acredito em nenhum deus?

— Eu juro por Zeus que você absolutamente não acredita em nenhum.

— Ninguém vai acreditar em você, Meleto, e estou bastante seguro de que nem você mesmo acredita. Não posso deixar de pensar, ó homens de Atenas, que Meleto é temerário e descarado, e que redigiu esta acusação movido por pura frivolidade e bravata juvenil. Ele não formulou um enigma tentando me testar? Ele pensou consigo mesmo: *Vamos ver se o sábio Sócrates vai perceber minha contradição jocosa, ou se conseguirei enganá-lo e aos demais.* Mas parece se contradizer na própria acusação, tanto quanto se afirmasse que Sócrates é culpado por negar a existência dos deuses, mas ao mesmo tempo os reconhece — algo que não soa como argumento de quem está realmente comprometido com a verdade.

XIV

"Convido vocês, ó homens de Atenas, a me acompanharem enquanto questiono a contradição que vejo na acusação de Meleto; e você, Meleto, faça o favor de responder. Peço, também, ao público que mantenha a calma, mesmo se eu adotar meu estilo usual de argumentação: alguma vez, Meleto, alguém acreditou na existência de aspectos humanos sem crer nos humanos? Espero que ele responda, ó homens de Atenas, em vez de tentar constantemente nos interromper. Alguém já acreditou na equitação sem crer na existência dos cavalos? Ou na arte de tocar flauta, mas não nos flautistas? Não, meu caro; e, como você não está disposto a responder, faço-o por você e pelo tribunal. Tal pessoa não existe. Agora, por favor, responda-me: é possível que alguém acredite em forças espirituais e divinas, mas não em espíritos ou semideuses?

– Isso é impossível.

– Que sorte a minha em obter essa resposta com a ajuda do tribunal! Mas, então, você afirma na acusação que eu ensino e acredito em entidades divinas ou espirituais (novas ou antigas, isso não vem ao caso); de qualquer forma, acredito em entidades espirituais, como você mesmo diz e jura na declaração; e, ainda assim, se acredito em seres divinos, como poderia deixar de acreditar em espíritos ou semideuses? Certamente devo acreditar. Então, posso presumir que seu silêncio significa concordância. Ora, o que são os espíritos ou semideuses? Não seriam eles deuses ou filhos de deuses?

– Com certeza são.

– Mas isso é o que eu chamo de enigma astucioso, criado por você: os semideuses ou espíritos são deuses, e você primeiro diz que não acredito em deuses e depois que eu acredito; isto é, se acredito em semideuses. Pois se os semideuses são filhos ilegítimos dos deuses, seja com as ninfas ou com quaisquer outras mães, como alguém poderia acreditar que não existem deuses, sendo eles filhos dos deuses? Isso seria como afirmar a existência de mulas e negar a de cavalos e asnos. Tal absurdo,

Meleto, só poderia ter sido criado por você para me testar. Você incluiu isso na acusação porque não tinha nada concreto com que me acusar. Mas ninguém com um mínimo de entendimento será convencido por você de que alguém possa acreditar em coisas divinas e sobrenaturais e ainda assim negar que existam deuses, semideuses e heróis.

XV

"Já disse o suficiente em resposta à acusação de Meleto: uma defesa elaborada é desnecessária. Mas sei muito bem quantas inimizades acumulei, e isso é o que me destruirá, se eu for destruído; não será Meleto, nem Ânito, mas a inveja e a difamação do mundo, que já causaram a morte de muitos homens bons e provavelmente causarão a de muitos outros; sem dúvida, eu não serei o último entre eles.

"Alguém pode perguntar: "Sócrates, você não tem vergonha de viver uma vida que pode levá-lo a um fim prematuro?". E eu posso responder com justiça: É aí que você se engana. Um homem de valor não deve pesar as chances de viver ou morrer; ele deve apenas considerar se, ao fazer algo, está agindo corretamente ou não – cumprindo o papel de um homem bom ou de um homem mau. Segundo o raciocínio de vocês, então, os heróis que caíram em Troia não valiam muito; especialmente o filho de Tétis, que escolheu enfrentar o perigo, em vez de viver uma vida marcada pela desonra. Com uma determinação férrea de vingar Heitor pela morte de Pátroclo, Aquiles enfrentou a previsão de sua própria morte, revelada por sua mãe divina: "Após Heitor, o destino te aguarda" foram suas palavras, ou algo assim. Essa premonição não abalou Aquiles; ele valorizava mais a honra do que sua própria vida, recusando-se a aceitar a ideia de sobreviver sem cumprir a vingança de seu amigo. "Melhor morrer agora", declarou ele, "e retaliar contra meu adversário do que permanecer inerte ao lado dos navios, objeto de escárnio e um estorvo". Para Aquiles, a ameaça de morte não era tão aterrorizante quanto a possibilidade de desonra. Essa postura reflete a ideia de que, onde quer que estejamos, por escolha própria ou por designação, devemos enfrentar o perigo com coragem, sempre evitando a desonra acima de tudo. E esta, caros cidadãos de Atenas, é uma verdade incontestável.

XVI

"Seria bem estranho se eu, que não fugi do meu posto nas batalhas de Potidaea, Anfípolis e Delium quando os generais escolhidos por vocês me ordenaram, agora me acovardasse diante da missão que acredito ser divina: refletir sobre mim mesmo e sobre os outros. Fugir por medo da morte ou qualquer outra coisa seria contraditório, e eu poderia ser acusado com razão de não acreditar nos deuses se ignorasse o Oráculo por temer a morte, achando-me sábio quando não sou. Afinal, ter medo da morte é fingir uma sabedoria que não se tem, pois é pretender conhecer o incognoscível; ninguém sabe ao certo se a morte, que muitos veem como o pior dos males, não pode ser, na verdade, o maior bem. Não é essa uma forma vergonhosa de ignorância, aquela que se baseia na presunção de saber o que na verdade não sabe? Neste aspecto específico, acredito ser diferente da maioria das pessoas e, talvez, possa até me considerar mais sábio que elas: enquanto sei muito pouco sobre o mundo além, não presumo saber. Mas estou certo de que a injustiça e a desobediência a alguém mais sábio, seja Deus ou homem, são erradas e vergonhosas, e nunca evitarei um bem possível por medo de um mal certo.

"Portanto, se agora me deixarem ir e não forem convencidos por Ânito – segundo o qual, uma vez processado, eu devo ser condenado à morte (ou, se não isso, nunca deveria ter sido processado); e que, se eu escapar agora, seus filhos serão completamente arruinados ao ouvir minhas palavras – enfim, se me disserem: "Sócrates, desta vez não vamos nos importar com Ânito, e você será liberado, mas sob uma condição: você não deve mais inquirir e especular desta maneira e, se for pego fazendo isso novamente, você morrerá". Se essa fosse a condição para me deixarem ir, eu responderia: Homens de Atenas, eu os respeito e amo; mas obedecerei a Deus em vez de vocês; e enquanto eu tiver vida e forças, nunca deixarei de praticar e ensinar a filosofia, exortando qualquer um que eu encontrar e dizendo à minha maneira: "Você, meu amigo – um cidadão da grande, poderosa e sábia cidade de Atenas –, não sente vergonha em acumular grandes quantias de dinheiro, honra e reputação, e se importar tão pouco com a sabedoria, a verdade e o maior aprimoramento da alma, às quais você nunca considera ou dá atenção?". E se a pessoa com quem estou discutindo disser "Sim, eu me importo", então eu não o deixarei ir de imediato, mas procederei a interrogá-lo, examiná-lo e questioná-lo rigorosamente. E, se eu julgar que ele não tem virtude, mas apenas diz que tem, eu o repreenderei por desvalorizar o maior e superestimar o menor. E repetirei as mesmas palavras a todos que encontrar: jovens e velhos, cidadãos e estrangeiros, mas especialmente aos cidadãos, na medida em que são meus irmãos. Pois saibam que esta é uma ordenança de Deus; e acredito que nenhum bem maior jamais aconteceu nesse país do que o meu serviço a Deus. Pois eu não faço nada além de persuadir a todos vocês, jovens e velhos, a não se preocuparem com suas pessoas ou seus bens, mas, única e principalmente, a se importarem com o maior aprimoramento da alma. Digo-lhes que a virtude não é dada pelo dinheiro, mas que da virtude provém o dinheiro e todos os outros bens do homem, públicos e privados. Este é o meu ensino; e se esta é a doutrina que corrompe a juventude, então sou mesmo uma pessoa ruim. Mas se alguém disser que este não é o meu ensino, estará mentindo. Portanto, ó homens de Atenas, digo a vocês: façam como Ânito ordena ou não, e me absolvam ou não; mas, seja qual for a sua escolha, entendam que nunca mudarei meus caminhos, e que eu morreria quantas vezes fosse necessário.

XVII

"Homens de Atenas, não me interrompam, mas ouçam-me; havia um entendimento entre nós de que vocês deveriam me ouvir até o fim. Tenho algo mais a dizer e que pode incliná-los a protestar; mas acredito que me ouvir será bom para vocês, e por isso peço que não protestem. Quero que saibam que, se matarem alguém como eu, irão prejudicar mais a si mesmos do que a mim. Nada pode me prejudicar, nem Meleto, nem mesmo Ânito – eles não podem, pois um homem mau não tem permissão para prejudicar alguém melhor do que ele mesmo. Não contesto que Ânito possa, de fato, decidir me matar, banir-me ou tirar meus direitos como cidadão; e tanto ele quanto outros podem achar que, ao fazer isso, estão me prejudicando gravemente. Contudo, discordo dessa visão. Pois o verdadeiro mal reside em agir como Ânito: o ato profundamente injusto de ceifar a vida de alguém sem justa causa supera em muito qualquer prejuízo que possam me infligir.

"E agora, atenienses, não vou argumentar em meu próprio benefício, como vocês podem pensar, mas no de vocês, para que não pequem contra Deus condenando a mim – alguém que é um presente d'Ele para vocês. Pois, se me matarem, não encontrarão facilmente um sucessor à minha altura. Permitam-me usar tal figura de expressão ridícula: sou uma espécie de mosca irritante, oferecida a este Estado por Deus; e o Estado é um grande e nobre cavalo lento em seus movimentos, devido ao seu tamanho, e precisa ser estimulado para a vida. Eu sou a mosca que Deus enviou a esta cidade e durante todo o dia e em todos os lugares estou sempre a incitar vocês, despertando, persuadindo e repreendendo. Não encontrarão facilmente outro como eu, e por isso aconselho que me poupem. Ouso dizer que vocês possam se sentir irritados (como alguém que é subitamente acordado do sono) e achem que poderiam facilmente me matar, como Ânito aconselha, e então continuariam a dormir pelo resto de suas vidas; a menos que Deus, cuidando de vocês, enviasse outra mosca irritante.

"Quando digo que sou um presente de Deus para vocês, a prova da minha missão é esta: se eu fosse como outros homens, não teria negligenciado todas as minhas próprias preocupações nem teria suportado pacientemente essa negligência durante todos esses anos, estando ocupado com os assuntos de vocês, aproximando-me de cada um de vocês individualmente, como um pai ou irmão mais velho, exortando-os a valorizarem a virtude; tal comportamento, digo, seria atípico da natureza humana. Se eu tivesse recebido algo em troca, ou se minhas exortações tivessem sido pagas, haveria algum sentido em fazer isso; mas agora, como perceberão, nem mesmo o mais audaz dos meus acusadores ousa afirmar que já exigi ou busquei pagamento de alguém; disso não há testemunhas. E tenho uma testemunha suficiente para atestar a verdade do que eu digo: minha pobreza.

XVIII

"Alguém pode se perguntar por que dou conselhos em particular e me ocupo com as preocupações dos outros, mas não me arrisco a vir a público e aconselhar o Estado. Eu vou dizer o porquê. Vocês me ouviram falar, em várias vezes e lugares, sobre um Oráculo ou sinal que vem até mim, e é a divindade que Meleto ridiculariza na acusação. Este sinal, que é uma espécie de voz, começou a vir até mim quando eu era criança; ele sempre proíbe, mas nunca me ordena a fazer qualquer coisa que eu esteja prestes a fazer. É o que me impede de ser um político. E, com razão, eu acredito. Pois tenho certeza, ó homens de Atenas, de que se eu tivesse me envolvido na política, teria perecido há muito tempo; e não teria feito bem algum nem a vocês, nem a mim mesmo. E não se ofendam com a verdade que agora vou revelar: pois a realidade é que qualquer pessoa que enfrente vocês ou qualquer outro grupo, em um esforço genuíno para combater as inúmeras injustiças e ações ilegais cometidas dentro de um Estado, não conseguirá preservar sua vida; quem deseja defender a justiça e sobreviver, mesmo que por um curto período, precisa optar por uma atuação individual, e não por um papel público.

"Posso lhes oferecer provas concretas do que afirmo, não somente com palavras, mas com algo que vocês consideram muito mais importante: ações. Vou compartilhar com vocês um episódio da minha vida que demonstrará que jamais me submeteria à injustiça por temor à morte, e que, como teria me recusado a ceder, enfrentaria a morte imediatamente. Contarei um relato dos tribunais, que talvez não seja tão cativante, mas é verdadeiro. O único posto estatal que já ocupei, ó homens de Atenas, foi o de membro do Senado: minha tribo, a Antioquia, estava no comando durante o julgamento dos generais que falharam em recolher os corpos dos mortos após a batalha de Arginusas; e vocês decidiram julgá-los coletivamente, o que era contra a lei, como mais tarde todos reconheceram. Naquele momento, porém, eu fui o único prítane que se opôs a essa ilegalidade e votei contra a decisão de vocês; e quando os oradores ameaçaram me processar e deter, e vocês clamaram e protestaram, resolvi arriscar, apelando para a lei e a justiça, em vez de me unir à injustiça – por medo de ser preso ou de morrer. Isso ocorreu no período da democracia. Contudo, sob o regime da oligarquia dos Trinta, eles me convocaram à rotunda, juntamente com outros quatro, e nos instruíram a trazer Leão, o Salaminiano, para ser executado. Esta foi uma amostra do tipo de ordens que frequentemente eram dadas, buscando envolver tantos quanto possível em seus atos criminosos. E então, não apenas por palavras, mas por ações, demonstrei que, para usar tal expressão, a morte pouco me importava e que minha maior e única preocupação era evitar cometer qualquer ato injusto ou profano. O poder tirânico daquela época não me intimidou a ponto de me fazer agir de maneira errônea; e, ao sairmos da rotunda, enquanto os outros quatro foram até Salamina para buscar Leão, eu simplesmente voltei para casa. Essa decisão poderia ter custado minha vida, não fosse o fim do domínio dos Trinta ter ocorrido logo depois. E muitos podem confirmar o que digo.

XIX

"Vocês realmente acreditam que eu teria conseguido sobreviver por tantos anos, caso tivesse optado por uma vida pública e, como um indivíduo íntegro, sempre priorizado o que é correto e colocado a justiça acima de tudo, como seria esperado? Definitivamente não, cidadãos de Atenas; isso não seria possível nem para mim, nem para ninguém. Contudo, fui consistente em todas as minhas atitudes, tanto públicas quanto privadas, e nunca me curvei a qualquer forma de submissão indigna perante aqueles que, de maneira difamatória, são chamados meus seguidores, ou qualquer outra pessoa. Não que eu tenha discípulos regulares. Contudo, qualquer um que deseje me ouvir enquanto realizo minha missão, seja jovem ou velho, é sempre bem-vindo. E minha interação não se limita àqueles que podem pagar; qualquer pessoa, rica ou pobre, tem liberdade para me questionar e ouvir o que tenho a dizer; e seja ela considerada boa ou má, tal desfecho não pode ser atribuído a mim de maneira justa; pois nunca me propus a ensinar-lhe explicitamente qualquer coisa. Se alguém alega que aprendeu ou ouviu de mim algo em privado que não esteja disponível ao conhecimento público, afirmo que tal pessoa não está dizendo a verdade.

XX

"Mas vocês podem questionar: por que as pessoas encontram tanto prazer em conversar comigo constantemente? Já expliquei, atenienses, a pura verdade sobre essa questão: elas se divertem quando questiono aqueles que se consideram sábios; existe um entretenimento nisso. Esta obrigação de questionar os outros me foi designada por Deus, conforme indicado por oráculos, visões e todas as formas pelas quais a vontade divina se manifesta a todos. Isso é fato, ó atenienses; e, se não fosse, seria facilmente desmentido. Se eu estivesse corrompendo a juventude, aqueles que agora estão maduros – e porventura reconhecessem que receberam conselhos errados de mim quando jovens – deveriam se levantar como meus acusadores e buscar reparação; ou, se preferissem não fazer isso pessoalmente, algum de seus familiares, seja pai, irmão ou outro parente próximo, deveria expor o dano que suas famílias sofreram por minha causa.

"A hora de provar isso é agora. Observo muitos deles presentes aqui, no tribunal. Ali está Crito, meu contemporâneo e conterrâneo, e vejo também seu filho, Critobulo. Ali se encontra Lisânias de Esfeto, pai de Ésquines, presente entre nós; e Antifonte de Cefiso, pai de Epígenes; e irmãos de vários que estiveram ao meu lado. Aqui está Nicostrato, filho de Teosdótides e irmão de Teódoto (cuja morte, certamente, não o impede de falar); e Paralo, filho de Demódoco, que tinha um irmão, Teages; e Adeimanto, filho de Ariston, cujo irmão, Platão, encontra-se aqui; e Eantodoro, irmão de Apolodoro, também presente. Há muitos outros que eu poderia citar, alguns dos quais Meleto deveria ter convocado como testemunhas em seu argumento; e que ele os convoque agora, se porventura esqueceu – estou disposto a ceder o espaço necessário. Que ele apresente tal evidência, se possuir. No entanto, atenienses, a realidade é justamente oposta. Todos estão prontos para se posicionar em defesa da pessoa que Meleto e Ânito acusam de corromper e prejudicar os seus; não apenas os jovens supostamente corrompidos – haveria razão para isso –, mas também seus familiares mais velhos e incorruptos. Por que razão eles se posicionariam a meu favor com seus testemunhos? Por que razão, de fato, senão pela verdade e justiça e porque sabem que estou dizendo a verdade, e que Meleto está mentindo?

XXI

"Bem, cidadãos de Atenas, isso resume a defesa que vim apresentar. Permitam-me acrescentar um último ponto. Pode haver quem se sinta incomodado com minha postura, ao recordar-se de como, em circunstâncias semelhantes ou até menos graves, suplicou aos juízes com lágrimas nos olhos, trazendo seus filhos ao tribunal numa tentativa emocionante de apelo, cercado por uma legião de parentes e amigos; enquanto eu, enfrentando uma possível pena de morte, recuso-me a adotar tais medidas. Esse contraste pode provocar descontentamento e levar alguém a votar contra mim, movido pela irritação de não ver em mim a mesma atitude. Caso exista tal pessoa entre vocês – e deixo claro que não afirmo que exista –, eu lhe diria: sou humano, de carne e osso, e não uma entidade inanimada, como Homero descreve. Sim, tenho uma família, irmãos atenienses: três filhos, um deles já quase um adulto, e dois ainda pequenos. Mesmo assim, escolhi não os colocar aqui diante de vocês, buscando clemência. E por qual motivo? Não se trata de orgulho ou desrespeito. A questão do medo da morte é outra discussão, à parte deste momento. Por respeito à opinião pública, considero que tal ato me rebaixaria, assim como a vocês e a nossa cidade inteira. Quem alcançou minha idade e é visto como sábio não deve se diminuir. Se mereço ou não tal consideração, o fato é que se decidiu que Sócrates destaca-se dos demais. Seria vergonhoso se aqueles considerados superiores em sabedoria e virtude agissem de forma tão desprezível. Já observei homens respeitáveis, ao serem condenados, comportarem-se de modo inconcebível, como se encontrassem na morte um destino terrível e pudessem alcançar a imortalidade apenas pela absolvição. Acredito que tais atitudes mancham a reputação do Estado, e qualquer observador diria que os mais veneráveis homens de Atenas, aqueles aos quais os atenienses conferem honra e autoridade, não se diferenciam de meninos em seu desespero. Defendo que nós, que gozamos de reputação, não devamos agir assim; e, caso isso ocorra, vocês não deveriam tolerar. Deveriam, pelo contrário, mostrar que estão mais inclinados a condenar quem encena um teatro de desespero, fazendo nossa cidade parecer ridícula, do que alguém que mantém sua dignidade em silêncio.

XXII

"Mas, deixando de lado a questão da opinião pública, parece haver algo errado em solicitar um favor de um juiz e assim conseguir uma absolvição, em vez de informá-lo e convencê-lo. Pois sua obrigação não é fazer um favor em termos de justiça, mas sim julgar; e ele fez um juramento solene de que sempre julgaria de acordo com as leis, e não a seu bel-prazer. Portanto, não devo incentivar vocês, nem vocês devem permitir ser incentivados, a adotar esse costume de perjúrio – não pode haver piedade nisso. Assim, não me peçam para fazer o que considero desonroso, ímpio e errado; especialmente agora, quando estou sendo julgado por impiedade na acusação de Meleto. Pois, ó homens de Atenas, se pela força da persuasão e da súplica eu pudesse superar seus juramentos, então estaria ensinando vocês a acreditar que não existem deuses; e, ao defender tal coisa, simplesmente me condenaria pela acusação de não acreditar neles. Mas isso não é verdade; muito pelo contrário. Pois eu acredito que existam deuses, e de uma forma mais elevada do que qualquer um dos meus acusadores acredita. E, assim, entrego a vocês e a Deus minha causa para que seja julgada por vocês da melhor maneira possível".

SEGUND[A]

Sócrates é condenado e sugere a sua sentença

A PARTE

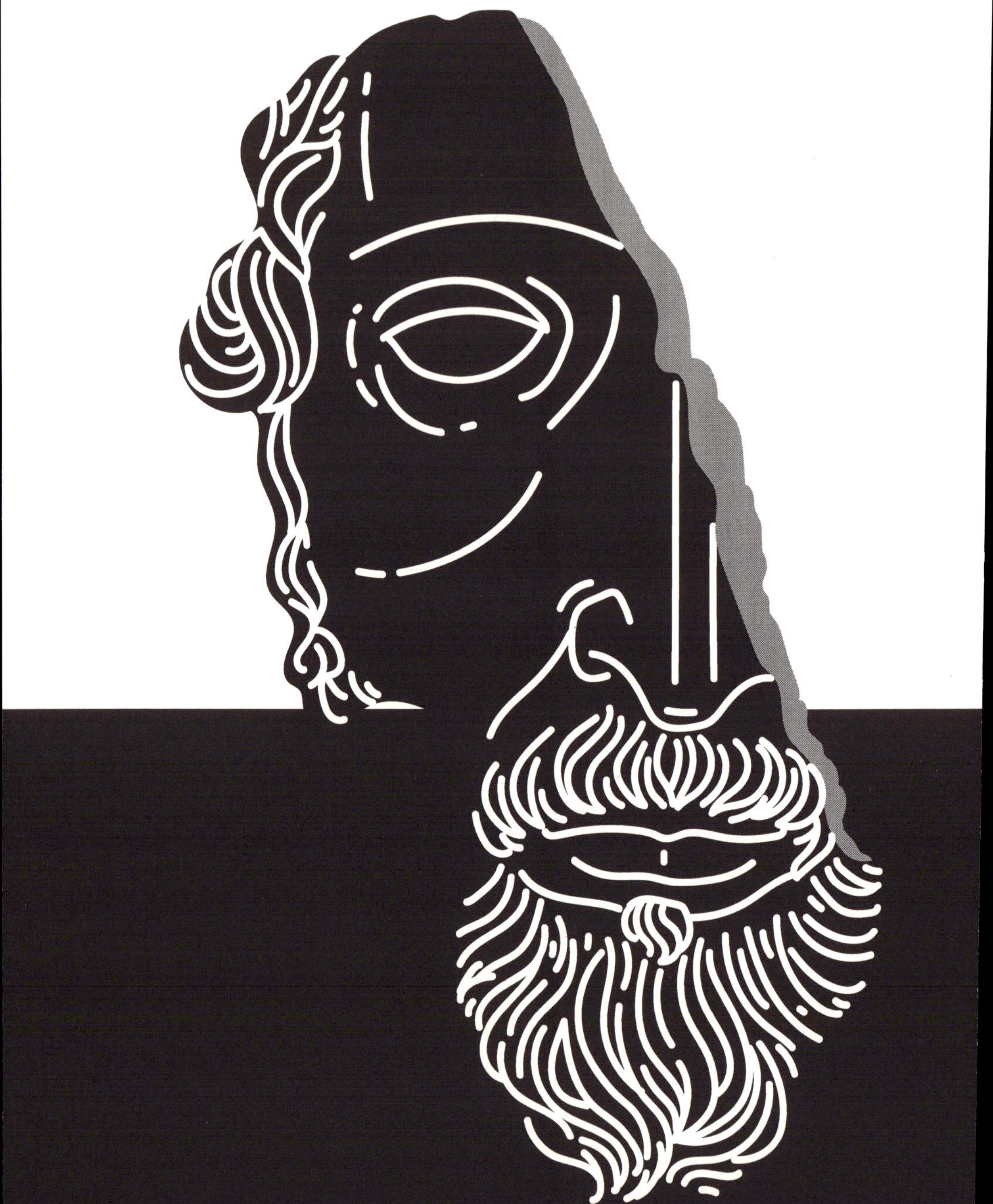

XXIII

– Há várias razões pelas quais a decisão de condenação não me abala, cidadãos de Atenas. Já esperava por isso e me surpreendo apenas pelo equilíbrio dos votos; esperava uma maioria muito mais expressiva contra mim. No entanto, se apenas trinta votos fossem diferentes, eu teria sido absolvido. Creio que, de certa forma, escapei de Meleto. E vou além: sem o apoio de Ânito e Lícon, é evidente que ele não teria alcançado nem um quinto dos votos necessários, conforme exige a lei, o que o teria sujeitado a uma multa de mil dracmas.

XXIV

"Portanto, ele sugere a pena de morte. E o que devo propor, ó homens de Atenas? Naturalmente, o que for justo para mim. E o que é justo para mim? Que compensação deve ser oferecida a um homem que jamais se permitiu o luxo da inércia por toda a sua vida, mas ignorou o que tantos perseguem – riqueza, benefícios familiares, patentes militares, participação na assembleia, cargos públicos, conspirações e alianças? Reconhecendo que era por demais íntegro para viver como político, evitei lugares onde não poderia beneficiar nem a vocês, nem a mim.

Sócrates é condenado e sugere a sua sentença

Mas, onde poderia fazer o maior bem a cada um de vocês de maneira privada, foi ali que procurei estar, incentivando cada um a cuidar de si mesmo, a priorizar a virtude e a sabedoria antes de seus interesses pessoais e a colocar o Estado acima dos interesses políticos; e essa deve ser a prioridade em todas as suas ações. O que deve ser feito com alguém assim? Certamente algo positivo, ó homens de Atenas, se ele merecer essa recompensa; e o benefício deve ser condizente com sua condição. Qual seria a recompensa apropriada para um homem pobre, que beneficiou vocês e dedicou tempo para ensiná-los? Manter-me no Pritaneu, ó homens de Atenas, seria a mais adequada das recompensas, muito mais merecida do que a do cidadão que venceu as corridas de cavalos ou carros em Olímpia, seja com dois ou vários cavalos. Pois estou na pobreza, e ele tem abundância; ele oferece apenas a ilusão de felicidade, enquanto eu ofereço a realidade. Portanto, se devo estimar uma pena justa, diria que ser sustentado no Pritaneu é o retorno que me é devido.

XXV

"Talvez vocês pensem que estou a desafiá-los com minhas palavras, assim como quando falei sobre lágrimas e súplicas anteriormente. No entanto, essa não é minha intenção. Minha convicção de que nunca causei dano intencional a alguém me motiva a falar, mesmo sabendo que o tempo foi insuficiente para convencê-los plenamente. Se Atenas adotasse a prática de outras cidades, onde casos capitais não são resolvidos em apenas um dia, creio que teria tido sucesso em persuadi-los.

Desfazer rapidamente grandes calúnias é um desafio; e, estando certo de minha inocência em prejudicar outrem, não me autoinfligirei injustiça. Recuso-me a admitir que mereço algum mal ou a sugerir uma punição para mim mesmo. Por que eu faria isso? Por temor à morte, como Meleto sugere? Sem a certeza de que a morte é um bem ou um mal, por que sugeriria uma punição que sabidamente seria prejudicial? Prisão? Por que deveria aceitar viver confinado, submetendo-me aos caprichos dos magistrados? Ou talvez uma multa, com prisão até o pagamento? O dilema permanece; eu teria que ficar preso, porque não tenho dinheiro e não posso pagar. E, se eu escolher o exílio (e essa pode ser a pena que vocês decidirem impor), realmente estaria enganado pelo amor à vida ao ser tão irracional a ponto de esperar que, quando vocês, meus próprios cidadãos, não conseguem suportar meus discursos e minhas palavras, achando-os tão insuportáveis e repulsivos que não querem mais ouvir, outras pessoas seriam capazes de me tolerar. De jeito nenhum, cidadãos de Atenas, isso é bem improvável. E que vida eu levaria, na minha idade, vagando de cidade em cidade, sempre mudando meu lugar de exílio e sendo constantemente expulso! Tenho certeza de que, aonde quer que eu vá, assim como aqui, os jovens vão se reunir ao meu redor; e, se eu os afastar, os mais velhos vão me expulsar a pedido deles; e, se eu permitir que se aproximem, seus pais e amigos vão me expulsar por causa deles.

XXVI

"Alguém dirá: "Sim, Sócrates, mas você não pode ficar quieto? Assim, você poderia ir para uma cidade estrangeira, e ninguém iria incomodá-lo". Bem, terei grande dificuldade em fazer com que vocês entendam minha resposta para isso. Pois, se eu disser que fazer isso seria desobedecer a Deus, e por isso não posso ficar calado, vocês não acreditariam que falo seriamente; e, se eu afirmar que debater todos os dias sobre virtude (e outros temas sobre os quais vocês me ouvem refletir, tanto em relação a mim quanto aos outros) representa o maior bem para o ser humano, e que uma vida não questionada não vale a pena ser vivida, vocês provavelmente terão ainda mais dificuldade em acreditar no que digo. No entanto, o que digo é verdade, embora seja difícil para mim convencê-los. Além disso, nunca me acostumei a pensar que mereço sofrer algum mal. Se eu tivesse dinheiro, poderia ter calculado a pena com base no que conseguiria pagar, e as consequências não seriam tão graves. Mas não tenho nenhum, e por isso devo pedir que a multa seja ajustada aos meus meios. Bem, talvez eu pudesse pagar uma mina. Portanto, posso sugerir o seguinte: Platão, Crito, Critóbulo e Apolodoro, meus amigos presentes, instruíram-me a sugerir trinta *minæ* como pena, e eles serão os fiadores. Que trinta *minæ* seja a penalidade; por essa quantia, eles oferecerão garantia suficiente a vocês".

TERCEI[RA]

Sócrates se despede do tribunal

A PARTE

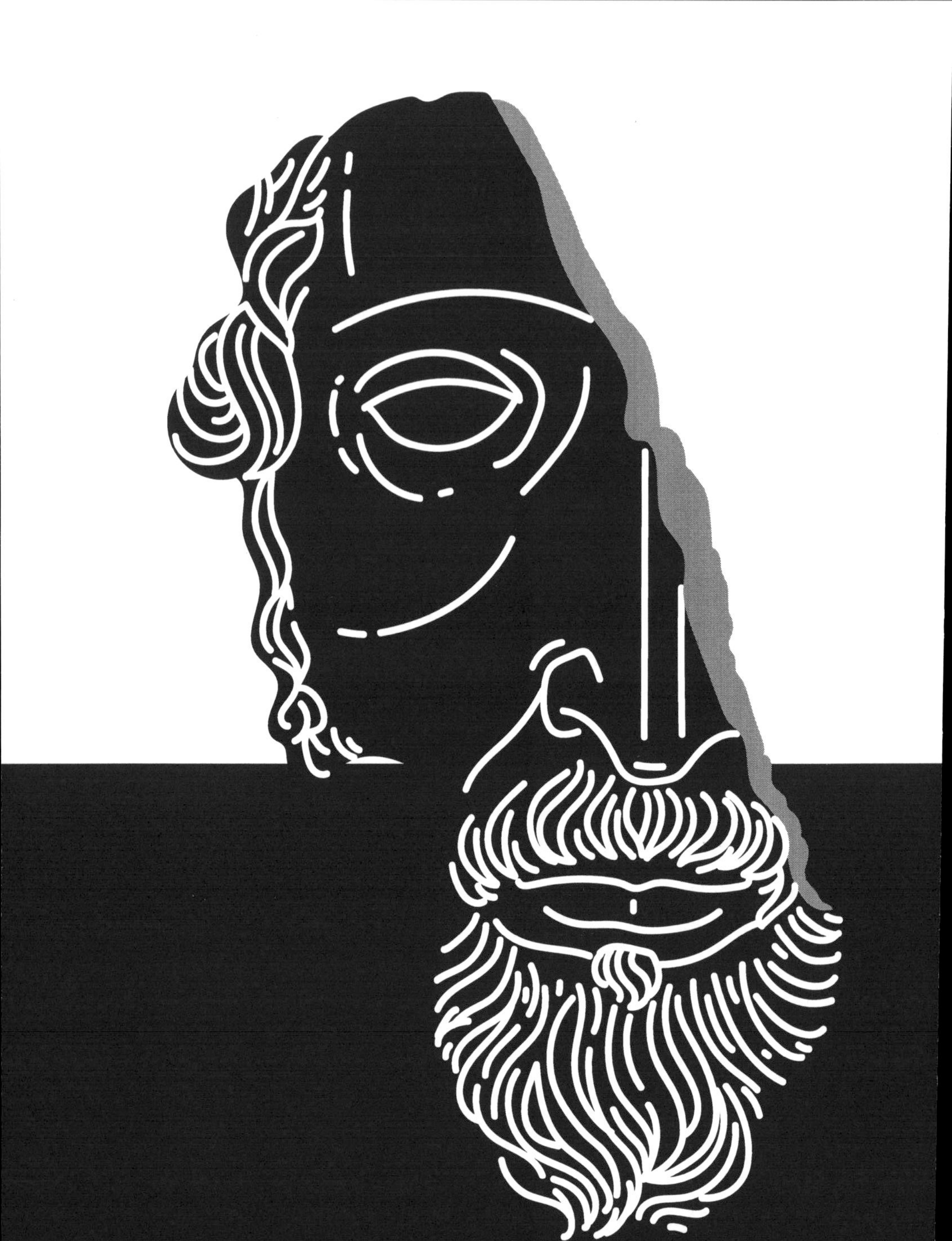

XXVII

– Não ganharemos muito tempo, ó atenienses, em troca da má reputação que vocês receberão dos detratores da cidade, que dirão que vocês mataram Sócrates, um homem sábio; pois eles me chamarão de sábio, mesmo que eu não seja, quando quiserem repreendê-los. Se vocês esperassem um pouco mais, o desejo de vocês teria sido realizado naturalmente. Pois estou bastante avançado em anos, como podem ver, e não estou longe da morte. Falo agora não com todos vocês, mas apenas com aqueles que me condenaram à morte. E tenho mais uma coisa a dizer: vocês pensam que fui condenado por não ter palavras do tipo que teriam garantido minha absolvição – quero dizer, se eu considerasse apropriado não deixar nada por fazer ou dizer. Não foi isso; o que me levou à condenação não foi a falta de palavras – certamente não. Mas eu não tive a audácia, a desfaçatez ou a inclinação para me dirigir a vocês como teriam gostado que fizesse, chorando e lamentando, e fazendo muitas coisas que estão acostumados a ouvir de outros – e que, a meu ver, são indignas de mim. Ao longo da minha vida, sempre acreditei que não deveria recorrer a atitudes banais ou desprezíveis quando confrontado com perigos: e não lamento a maneira como me defendi; prefiro morrer mantendo minha forma de expressão a adotar a abordagem de vocês para preservar minha vida. Afinal, seja em batalha ou diante da lei, não se deve recorrer a todas as estratégias possíveis apenas para evitar a morte. Frequentemente, em combate, é inegável que um homem possa evitar a morte ao abandonar suas armas e se render a seus perseguidores; e, diante de outras ameaças, existem formas de se esquivar da morte, desde que se esteja disposto a fazer e dizer qualquer coisa. No entanto, meus amigos, o verdadeiro desafio não está em fugir da morte, mas, sim, em se desvencilhar da injustiça, que é mais veloz do que a morte. Estou avançado em anos, e minha movimentação é lenta; sendo assim, o perseguidor mais lento me capturou, enquanto meus acusadores, rápidos e ágeis, foram capturados pelo perseguidor mais veloz, a injustiça. Agora, deixo este lugar condenado por vocês à pena de morte, enquanto eles também partem, condenados pela verdade a enfrentar as consequências de suas maldades e erros; cabe a mim aceitar o meu destino – e a eles, o deles. Creio que devamos aceitar esses desígnios como inevitáveis – e penso que assim está bem.

XVIII

"Agora, ó homens que votaram pela minha condenação, quero fazer uma profecia sobre vocês; pois estou à beira da morte, e é nesse momento que os homens recebem o dom da profecia. Profetizo que vocês, meus algozes, que logo após minha morte, enfrentarão consequências muito mais severas do que aquelas que me impuseram. Vocês me condenaram na esperança de silenciar um oponente, evitando assim ter que justificar suas próprias ações. Mas as coisas não seguirão como imaginam: será exatamente o oposto. Afirmo que surgirão mais adversários diante de vocês do que os que existem agora – adversários esses que, até então, eu consegui manter sob controle. E, sendo eles mais jovens, serão menos cautelosos em suas críticas a vocês, provocando maior irritação. Se acreditam que, ao eliminar um oponente, possam livrar-se de julgamentos sobre seus atos errôneos, estão equivocados; essa não é uma saída viável ou digna. A forma mais fácil e honrada de agir não é neutralizando os outros, mas, sim, buscando a elevação. Essa é a profecia que faço antes de minha partida dirigida aos algozes que me condenaram à morte.

XIX

"Amigos que teriam me absolvido, gostaria também de conversar com vocês sobre tudo o que aconteceu, enquanto os magistrados estão ocupados e antes de dirigir-me para o lugar onde devo morrer. Fiquem um pouco mais, pois podemos conversar enquanto há tempo. Vocês são meus amigos, e gostaria de mostrar a vocês o significado deste evento que me ocorreu. Ó meus juízes – pois a vocês, eu posso realmente chamar juízes –, gostaria de falar com vocês sobre uma circunstância maravilhosa. Até o momento, a voz divina que serve como meu Oráculo interno sempre se manifestou contra mim, até nas menores coisas, sempre que eu estava prestes a errar em qualquer questão; e agora, como podem ver, encontro-me diante do que muitos consideram o maior e mais terrível dos males. No entanto, em nenhum momento, seja ao sair de casa pela manhã, a caminho do tribunal ou enquanto falava, o Oráculo se manifestou contra o que eu estava prestes a dizer; e olhe que houve vezes em que fui interrompido no meio de um discurso. Mas agora, em relação a este caso específico, o Oráculo não mostrou qualquer oposição ao que eu disse ou fiz. Qual seria a razão para esse silêncio? Eu explico. Isso sugere que o que me aconteceu é, na verdade, algo bom, e que aqueles entre nós que veem a morte como algo ruim estão equivocados. A ausência de oposição do sinal usual indica que eu não estava caminhando para o mal, mas sim para o bem.

"Pensemos por outro ângulo e encontraremos fortes motivos para acreditar que a morte pode ser algo bom. Existem duas possibilidades: ou a morte representa um estado de completa inexistência e inconsciência, ou, conforme alguns acreditam, uma transição e migração da alma deste mundo para outro. Se considerarmos que após a morte não há consciência, apenas um sono profundo e sem sonhos, a morte seria uma dádiva imensurável. Imagine escolher uma noite de sono perfeito, sem sonhos, e compará-la a todos os outros dias e noites vividos; dificilmente alguém, mesmo os mais poderosos, encontraria ocasiões tão prazerosas quanto essa. Se a morte se assemelha a isso, afirmo que morrer é lucro; a eternidade seria como uma única noite tranquila. No entanto, se a morte for uma viagem para outro lugar, onde, segundo dizem, residem todas as almas, qual bem maior poderia existir? Se, ao chegar ao além, o indivíduo se encontrar livre dos falsos juízes deste mundo e diante dos verdadeiros juízes do outro mundo – como Minos, Radamanto, Éaco e Triptólemo, e outros seres divinos que viveram justamente –, essa viagem valeria a pena. Quem não daria tudo para conversar com Orfeu, Musaios, Hesíodo e Homero? Se isso for verdade, quero morrer e renascer muitas vezes. Eu mesmo me interessaria enormemente em encontrar e conversar com Palamedes, com Ajax, filho de Telamon, e outros heróis da Antiguidade condenados injustamente; comparar meus infortúnios aos deles seria um prazer sem igual. Além disso, poderei continuar minha busca pelo verdadeiro conhecimento, tanto neste mundo quanto no próximo, identificando quem é verdadeiramente sábio e quem apenas se faz passar por tal. Que prazer inestimável seria interrogar o líder da grande expedição a Troia, ou Odisseu, ou Sísifo, e tantos outros, homens e mulheres! Conversar e fazer perguntas a eles seria um deleite sem fim. No outro mundo, ninguém é punido com a morte por fazer perguntas: certamente não. Lá, além de serem mais felizes que nós, todos serão imortais se as histórias forem verdadeiras.

XXX

"Portanto, ó juízes, tenham bom ânimo em relação à morte e saibam com certeza que nenhum mal pode acontecer a um homem bom, seja em vida ou após a morte. Ele e os seus não são negligenciados pelos deuses; nem meu próprio fim iminente aconteceu por mero acaso. Mas vejo claramente que chegou a minha hora de morrer e ser libertado dos problemas; por isso o oráculo não deu sinal. Por isso, também não guardo rancor dos meus algozes ou acusadores; eles não me prejudicaram, apesar de não terem intenção de me beneficiar; assim, posso suavemente censurá-los.

"Ainda tenho um último pedido a fazer. Quando meus filhos atingirem a maturidade, peço-lhes, meus amigos, que os corrijam; e espero que os incomodem, assim como eu incomodei vocês, caso eles valorizem mais as riquezas ou qualquer outra coisa do que a virtude; ou caso tentem se passar por algo que não são. Então, critiquem-nos, como eu critiquei vocês, por negligenciarem aquilo que realmente importa e por se considerarem importantes quando na verdade não são. Assim, tanto eu quanto meus filhos teremos recebido justiça.

"A hora da partida chegou, e seguiremos nossos caminhos – eu para a morte, e vocês para viverem. Qual é o melhor, só Deus sabe".

BIBLIOGRAFIA

ARISTÓTELES, *Ética a Nicômaco*. Trad. Leonel Vallandro e Gerd Bornheim. São Paulo: Abril Cultural, 1973.

BREHIÉR, E. *História da Filosofia*. Trad. Sicupira Filho. v.1. São Paulo: Mestre Jou, 1977.

BRISSON, L; PRADEAU, J.F. Vocabulário de Platão. Trad. Claudia Berliner. São Paulo: Martins Fontes, 2010.

CHÂTELET, F. *Uma História da Razão: entrevistas com Émile Noël*. Prefácio de Jean-Toussaint Desanti. Trad. Lucy Magalhães. Rio de Janeiro: Jorge Zahar Editor, 1994.

GADAMER, H. G. *Verdade e Método: traços fundamentais de uma hermenêutica filosófica*. 4. ed. Trad. Flávio Paulo Menrer. Revisão de tradução Ênio Paulo Giachini. Petrópolis: Vozes, 2002.

HADOT, P. *O que é a Filosofia Antiga?* Trad. Dion Davi Macedo. 2. ed. São Paulo: Edições Loyola, 2004.

HADOT, P. *La Filosofía como forma de vida: Conversaciones con Jeannie Carlier y Arnold I. Davidson*. Traducción María Cucurella Miquel Barcelona: Ediciones Alpha Decay, 2009.

HADOT, P. *Elogio da Filosofia Antiga: aula inaugural de cadeira de história do pensamento*. Trad. Flávio F. Loque e Loraine Oliveira. São Paulo: Edições Loyola, 2012.

HÖSLE, V. *Interpretar Platão*. Trad. Antônio Cellomar Pinto de Lima. São Paulo: Edições Loyola, 2008.

JAEGER, W. *Paideia: A formação do Homem Grego*. Trad. Artur M Parreira. São Paulo: Martins Fontes, 2003.

MACINTYRE, A. *Historia de la ética*. Trad. Roberto Juan Walton. Barcelona: Ediciones Paidós Ibérica, S.A, 1991. p. 12.

MCCOY, M. *Platão e a retórica de filósofos e sofistas*. Trad. Lívia Oushiro. São Paulo: Madras, 2010, p. 32.

OLIVIER, R. *Introdução à retórica*. Trad. Ivone C. Benedetti. São Paulo: Martins Fontes, 2004.

PLATÃO. *Apologia de Sócrates*. Trad. Carlos Alberto Nunes. São Paulo: Edições *Melhoramentos, 1970*.

PLATÃO. *Górgias*. Trad. Carlos Alberto Nunes. São Paulo: Edições Melhoramentos, 1970.

REALE, G. Platão. Trad. Henrique Cláudio de Lima Vaz e Marcelo Perine. Nova edição corrigida, 2007.

ROBINSON, T. M. *A Psicologia de Platão*. Trad. Marcelo Marques. São Paulo: Edições Loyola, 2007.

SZLEZÁK, T. A. *Ler Platão*. Trad. Milton Camargo Mota. São Paulo: Edições Loyola, 2005.

TRABATTONI, F. *Platão. Rineu Quinalia. São Paulo: Annablume, 2010*.

VAZ, Lima. C. H. *Escritos de Filosofia IV: introdução à Ética filosófica 1*. 2. ed. São Paulo: Edições Loyola, 2002.

VILHENA, M. V. *O Problema de Sócrates: o Sócrates histórico e o Sócrates de Platão*. Portugal: Fundação Calouste Gulbenkian, 1984.

Compartilhando propósitos e conectando pessoas

Visite nosso site e fique por dentro dos nossos lançamentos:
www.gruponovoseculo.com.br

facebook/novoseculoeditora
@novoseculoeditora
@NovoSeculo
novo século editora

gruponovoseculo.com.br

Edição: 1ª
Fonte: Bell MT